KB054107

우수근 교수의
실사구시 중국 진출 전략

중국 유학,
취업,
창업을 위한

우수근 교수의

실사구시
중국
진출전략

우수근 지음

매일경제신문사

거대한 중국 시장,
다름 아닌 우리 것이다!

한국인에게 특히 더 전도유망한 중국 유학·취업·창업

미래 학자들은, 현재 20대들이 살아가면서 최소한 5~6개의 직업을 거치게 될 것이라고 예측한다. 이와 관련해 엘빈 토플러 Alvin Toffler는 "한국 학생들은 미래에는 거의 필요 없을 지식과 존재하지 않을 직업을 위해 하루 15시간씩 학교와 학원에서 시간을 낭비하고 있다"고 지적한 바 있다. 직업을 계속 바꿔야 한다는 것은 미래 생활 역시 쉽지만은 않을 것임을 의미한다. 이와 같은 상황에서 우리의 미래 세대들이 불필요해질 지식과 존재하지 않을 직업을 위해 현재라는 소중한 시간을 비효율적으로 보내고 있다니 참으로 안타깝다.

21세기 한반도의 후예들, 오늘날 우리 미래 세대들을 생각하면 가슴이 뜨거워지기도 한다. 치솟기만 하는 등록금 때문에 '공부'를 하기 위해서가 아닌 '학비'를 내기 위한 학창 시절을 보내고 있는 그들…. 그럼에도 불구하고 사회 진출은 점점 더 어려워지고 있다.

이와 같은 '청년 문제'는, 우리로 하여금 더 이상 간과해서는 안 될 소중한 한 가지를 일깨워 주기 위한 시대적 메시지라 생각되기도 한다. 필자는 2005년부터 세계 경제의 핵심이라 일컬어지는 중국 상하이에서 중국 진출(유학, 취업, 창업 등) 프로그램을 총괄해 왔다. 그 가운데 '글로벌 진출 전문가'라는 애칭도 갖게 되었다. 그런 필자의 입장에서 볼 때, 우리 미래 세대들의 어려움은 우리들을 향한 시대적 울림으로도 여겨진다. 줄곧 한반도에 터를 잡고 살아온 우리들로 하여금, 국내외적으로 크게 달라진 21세기 환경 속에서 우리의 '터전'에 대해 새롭게 성찰하도록 자성을 촉구하는 나지막한 호소….

그렇다면 어떻게 해야 우리 청년들이 소중한 시간을 그들의 미래에 더 도움이 되는 방향으로 사용하게 할 수 있을까?

한반도의 후예들이여! 더 진취적으로 글로벌 세계를 향해 나아가자. 그중에서도 특히 '세계의 미래'라고 불리는 중국에 더욱 주목하고 적극 뛰어들자. 마침 본격적으로 전개되고 있는 중국 시장은, 그 이면을 보면 우리 한국에 전례 없이 좋은 환경으로 변모하고 있다. 이를 간파한 대한무역투자진흥공사KOTRA 또한 "빠르게 성장하는 중국 서비스 시장은 우리가 선점해야 한다"고 강조한다. 그러한 중국에서 지금까지 그 어디에서도 경험할 수 없었던 '21세기 최고의 유학'을 통해 자신의 글로벌 경쟁력을 한껏 끌어올리고, 세계 최대의 시장인 중국으로의 비즈니스 진출을 통해 글로벌 세계를 석권해 나갈 계획을 세워 보자.

중국 시장, 이제부터 시작이다

영국 〈파이낸셜타임스Financial Times〉는 '세계의 공장'으로서의 중국은, 최근 수년간 전개되어 온 가파른 임금 상승 등으로 인해 그 사명을 다하게 되었다고 말했다. 2013년을 기준으로 베이징 지역의 연간 임금 상승률은 약 23%에 달했고, 광둥성 지역은 약 18%, 장쑤성 16%, 후난성 14%, 쓰촨성의 16% 등 대부분 지역이 10~23%의 상승 폭을 기록하는 가운데 중국은 더 이상 인건비가 저렴한 나라가 아니게 되었다. 이로 인해 중국의 제조업이 막다른 골목에 몰리고 말았다는 '제조업 위기설'까지 나오게 되었다. 하지만 만물에는 음이 있으면 양도 있기 마련. 중국 근로자의 입장에서 볼 때, 임금 인상은 그만큼의 소득 증가를 의미한다. 그리고 이는 곧 '공장'으로서의 중국이 '소비 시장'으로서의 중국으로 빠르게 재편되고 있음을 의미하는 것이기도 하다.

사실 중국 소비 시장은 이미 몇 년 전부터 증권 시장의 핵심 테마로 등장하였다. 그런데 시진핑 시대가 개막되며 세간의 이목이 더 집중되었다. 시진핑 주석은 집권 이후, 양회兩會를 통해 자신이 이끌 중국호의 경제 관련 청사진으로 '개혁 심화', '분배 강화', 그리고 이를 토대로 한 중산층 사회 건설 등을 중점 과제로 제시했다. 이를 위해, 2020년까지 국내 총생산GDP과 중국인들의 평균 수입을 2010년의 2배로 증가시키겠다고 공언했다.

그렇다면 이런 식으로 소비 시장을 크게 확대시켜 나가겠다는 중국 최고 지도부의 강력한 의지는 과연 얼마나 실현 가능할까. 이에 대해서는 중국의 국내외적으로 낙관론이 지배적이다. 한 예로 '중국개혁발전연구원'에 의하면, "급속한 도시화와 경제 성장 등에 힘입어 2014년 중국의 도시화율은 이미 53%를 넘어서게 되었다. 중국 역사상 처음으로 도시 인구가 농촌 인구를 넘어선 것이다. 그 속에서 소비의 주체가 될 중산층 또한 꾸준히 증가하고 있어 2020년경에는 약 6억 명에 이를 것"이라고 한다. 이처럼 중국에서는 중산층이 지속적으로 두터워지는 가운데 소비 시장이 빠르게 확대되어 가고 있는 것이다.

중국 시장, 한국 기업의 물실호기

한편, 확장 일로에 있는 중국 시장은 우리에게 어떤 의미를 지니는가? 먼저, 중국인들은 우리에 대해 어떻게 생각하고 있을까? 한국무역협회KITA 국제무역연구원이 2014년 중국인들을 대상으로 실시한 한국의 이미지에 대한 설문 조사 보고서에 따르면, 중국인들은 우리에 대해 "급성장한(33.5%) 경이로운 나라(18.3%)로 문화 수준이 높다(9.5%)"고 인식하고 있는 것으로 나타났다. 우리 사회의 장점에 대해서는 '친절한 서비스'가 24.0%로 가장 많았고 국제화(14.7%), 단결심(12.4%), 역동적(12.0%)이라는 응답이 뒤를 이었다. 아울러 한국을 대표하는 제품으로는 화장품(29.7%)이 가장 많았고 휴대 전화(25.5%), 가전제품(19.4%), 자동차(18.3%) 등이 뒤를 이었다. 이처럼 중국 사회에서 한국에 대한 인식은, 불과 20년 전만 해도 '한국 전쟁'이나 '남북 분단', '데모' 등과 같은 어둡고 불안정한 이미지 위주에서 밝고 산뜻한 이미지로 빠르게 변모하였다.

이와 같은 중국에서 한국 기업, 한국 제품이 인기 상종가를 달리고 있다. 특히 한국 식품의 인기가 무척 높다. 우리가 생각하는 것 이상이다. 무엇보다도 중국 국산과는 달리 안전하다는 믿음과 신뢰 때문이다. 이러한 이미지 덕분에 가격이 비싸더라도 한국산을 찾는 중산층이 계속 늘고 있다. 그 속에서 2014년 상반기, 중국 현지에서 개최된 한국 식품 수출 상담회에는 하루에만 150여 개의 중국 유통 업체들이 몰려드는 대성황을 이루기도 했다. 이와 같이 중국은 우리 식품 업계에 거대한 기회의 땅으로 떠올랐다. 그런데 이러한 현상은 비단 식품 업계에만 국한된 것이 아니다. 현재 중국에서는 일반인들의 생필품은 물론이거니와 한국의 주요 가전제품들도 날개 달린 듯이 팔려 나가고 있다. 한국 자동차 또한 없어서 못 팔 정도다. 이것이 바로 중국에서 바라보는 우리 한국의 뿌듯한 자화상이다.

중국인들은 "지금 중국에서 '한국적'이고 또 '한국 것'이라면 일단 OK!"라며 엄지손가락을 세워 보인다. 이에 대해 재중 일본인 기업가는 "현재 중국에서 한국과 한국인은 하나의 브랜드와 같이 되고 있다"며 부러워했다. 이처럼 현재, 중국 현지에서 서로에 대해 매우 적대적인 중국, 일본 양국 사람들이 우리에 대해서는 매우 우호적이다. 이를 증명하듯, 상하이에 위치한 한국인 밀집 지역에 연일 엄청난 수의 중국인들이 몰려든다. 식사를 하거나 물건을 사기 위해 장사진을 치고 기다리는 모습이 더 이상 낯설지 않은 풍경이 되었다. 이런 상황에서 한국 드라마 〈별에서 온 그대〉는 중국 대륙을 한 번 더 들었다 났다 하며 중국에서의 '한국 열병'을 새삼 확인시켜 주기도 했다. 이처럼 현재 중국 시장은 우리 한국 기업, 한국 제품에 대단히 호의적이다.

그럼에도 불구하고 우리 사회는 여전히 중국을 제대로 보지 못하고 있다. '중국' 하면 아직도 부정적인 생각을 먼저 떠올리는 가운데 우리 스스로 일궈 낸 전례 없는 기회를 좀처럼 활용하지 못하고 있는 것이다. 그로 인해 안타깝게도 남 좋은 일만 시키고 있다. 실제로 2014년 3월 〈월스트리트저널The Wall Street Journal〉 인터넷판은, "글로벌 명품 기업들은 중국에서 한국 드라마와 케이팝 등과 같은 한류 문화의 인기를 등에 업고 중국 시장을 적극 공략하고 있다"고 보도했다. 그러면서 중국 대륙에서 인기 절정인 한류 문화를 자세히 소개하는 가운데 "이들 세계적인 명품 기업들이 중국 소비자들에게 더 다가가려고 한류 문화를 적극 이용하는 가운데 재미를 톡톡히 보고 있다"고 덧붙였다. 우리가 일구어 놓은 기회임에도 불구하고 정작 우리는 중국에 대한 온갖 편견과 부정적 인식에 사로잡혀 이토록 호의적인 중국 시장을 제대로 활용하지 못하고 있다. 그 와중에 외국 기업들만 쾌재를 외치고 있다. 그야말로 재주는 곰이 피우고 그 과실은 다른 이가 챙기는 속상한 형국이 아닐 수 없다. 더 늦기 전에 현재 중국이 우리 한국에게는 '기회의 땅'임을 깨달았으면 하는 마음이 너무나도 간절하다.

우리는 '21세기 한반도의 새로운 도약'을 위한 여정을 충분히 다져 나갈 수 있다. 국내에서 한심한 경쟁에 휩쓸려 소중한 에너지와 열정을 소모하지 말고, 밖으로 눈을 돌려 우리 한민족 특유의 강인함과 진취적인 자세로 적극 뛰어든다면 얼마든지 해낼 수 있다. 돌이켜 보라, 우리가 누구인가! 혹독한 일제 치하 36년을 불굴의 정신으로 물리치고 독립한 우리다. 6·25전쟁 직후의 폐허를 딛고 오늘날의 중견 강국으로 거듭난 우리다. 줄곧 무無에서 유有를 창조한 저력이 있는 우리가 아닌가!

졸저는 바로 이와 같은 맥락에서 중국 진출과 관련된 'A to Z'

를 다루고 있다. 중국 현지에서 수년간 중국 진출과 관련된 일들을 총괄해 오는 가운데 알게 된, 현지에서만 알 수 있는 유학과 취업, 창업 그리고 기업의 시장 진출 등의 전망과 성공 포인트에 대해 요약하였다. 이와 동시에 각각의 실제 사례 및 선험자로부터의 소중한 조언과 각각에 대한 유용한 정보 등도 생생하게 전달하고자 노력하였다.

또한 '지피지기면 백전백승'이라고 했다. 즉, 중국을 제대로 활용하여 도약하기 위해서는 무엇보다도 먼저 오늘날의 중국 및 오늘날의 우리에 대해 제대로 알 필요가 있다. 이를 고려하여 각 장의 후미에 '중국 바로 알기' 코너를 마련하여 오늘날의 중국에 대해 보다 더 깊이 있고 정확하게 이해할 수 있도록 하였다. 이 부분에서는, 중국 현지에서 중국 당국자들과 전문가들을 일상적으로 만나며 생활하는 가운데 알게 된 중국의 '속내'를 들여다 볼 것이다. 또한 국내에서는 알기 쉽지 않은 '살아 있는' 중국과 중국인들이 외부 세계로 알려지고 싶어 하지 않는 그들의 '치부', 그리고 한국, 북한, 미국, 일본 등에 대한 중국 당국의 '솔직한' 시각 등에 대해 전반적으로 다루었다.

아무쪼록 우리 사회, 우리 청년들의 중국 진출에 있어 실사구시 가이드북으로서 이 책이 조금이나마 도움이 된다면 그보다 더한 영광은 없을 것이다. 마지막으로, 졸저가 빛을 보기까지 적지 않은 도움을 주신 많은 분들과 특히 나의 매우 소중한 사람들 김하룡, 김찬, 우미나 님에게 마음속 깊은 곳으로부터 우러나는 감사를 드린다. 가족 송영미, 우지혁과 함께 나의 어머니 故 배춘자 여사를 기리며…

중국 상하이 화광화원에서
우수근

02 중국 취업은 글로벌 취업

중국 유학은 곧 글로벌 세계로의 유학

01

용기란 자신이
두려워하는 것을 하는 것이다.
즉 두려움이 없으면
용기도 없다.

에디 리켄배커 Eddie Rickenbacker

21세기 최고의 유학지는?

20세기 최고의 유학
vs 21세기 최고의 유학

"중국은 전 세계에서 가장 빠르게 성장하고 있는 국가잖아요. 게다가 바로 옆에는 한국과 일본이라는 또 다른 주요 경제 국가가 있으니 한꺼번에 3마리 토끼를 잡을 수 있지 않을까 해서요."

"유럽에서는 '아시아 알기'가 한창인데, 이 과목은 한·중·일 삼국을 모두 알 수 있는 유용한 과목입니다."

"물론 우리 아프리카도 저력이 있지만, 그래도 아시아의 시대가 먼저 도래할 것입니다. 아프리카의 시대를 잘 준비하기 위해서도 아시아의 발전상과 발전 전략 등을 제대로 알 필요가 있고, 한·중·일 삼국은 아시아의 대표 국가들이므로 이를 벤치마킹하기에 안성맞춤인 과목이기에….”

나는 2만 5,000여 명의 중국인과 전 세계 140여 개국에서 온 4,300여 명의 외국인들이 한데 어울려 생활하고 있는 중국 동화대학교 국제학부에 재직하고 있다. 위는 이곳에서 내가 담당하고 있는 ‘한중일의 비교’나 ‘한국 개론’ 등의 과목을 수강하는 재중 외국인 유학생들이 밝힌 수강 목적 중의 일부다. ‘한중일의 비교’는 전 세계 28개국에서 온 글로벌 미래 세대들이 수강하는, 국제학부에서 가장 잘나가는(?) 과목 중의 하나다. 아, 그렇다고 오해하지 말기를! 잘 가르쳐서 그렇다는 것은 아니다. 그만큼 전 세계는 지금 아시아, 그중에서도 특히 동북아의 한국, 중국, 일본에 관심이 많다는 의미다.

중국과 관련하여 나는 ‘과거의 중국’과 ‘현재의 중국’ 혹은 ‘20세기의 중국’과 ‘21세기의 중국’이라는 표현을 자주 쓴다. 유감스럽게도 우리 사회는 과거의 중국으로부터 기인하는 선입견과 편견 등에 사로잡힌 채 현재의 중국을 제대로 바라보지 못하고 있는 것 같다. 이로 인해 현재의 중국으로부터 취할 수 있는 우리만의 ‘각별한’ 기회도 제대로 활용하지 못하고 있다. 해외 유학에 대한 우리 사회의 일반적인 생각 또한 이와 크게 다르지 않다.

'20세기 최고의 유학'이 아직도 '21세기 최고의 유학'인 것처럼 인식되고 있다. 오늘날 우리를 둘러싼 국제 환경이나 우리 자녀들의 미래를 고려할 때, 기성세대에게 해당되었던 과거의 최고 유학지가 반드시 현재의 최고 유학지는 아니게 되었음에도 불구하고 이에 대해 깨닫지 못하고 있는 것이다.

그렇다면 필자는 과연 무슨 근거로 이렇게 이야기하고 있는 것일까? 이에 대해, 1995년부터 일본, 미국, 그리고 중국 유학을 비롯하여 25개국을 다니며 우리 사회 밖에서 직간접적으로 체감해 온 바를 중심으로 졸견을 밝히도록 하겠다.

먼저, 유학이란 무엇인가? 유학은 어학연수와는 다르다. 주로 1년 내외의 단기간에 이루어지는 어학연수와 달리, 유학은 미래에 대해 보다 종합적으로 준비하기 위해 학부나 대학원 과정을 이수하는 등 장기간에 걸쳐 이루어지는 것이 일반적이다. '국내유학'만 해도 그렇다. 지방에서 서울로 유학을 가는 이유가 서울말을 배우기 위해서는 아닐 것이다. 우리나라 최대 도시인 서울에서 많은 것을 보고 느끼고 경험하는 가운데 발전을 위한 토대를 갈고닦기 위해서다. 마찬가지다. 그동안 주로 영미권 나라로 유학을 갔던 이유는 단순히 어학 능력을 습득하기 위해서만은 아니었다. 미래를 준비하기에 최적이라고 여겼기 때문일 것이다. 이와 같은 측면에서 볼 때, 우리가 살고 있는 21세기 최고의 유학지는 과연 어디일까?

먼저, 우리 사회에서 여전히 '두말할 필요 없는' 최고의 유학지로 각광 받고 있는 미국에 대해 살펴보자. 미국은 유일한 패권 대국에 세계 최대의 경제 대국이라는 사실만으로도 명실상부 최고의 유학지였다. 그리하여 가난한 노동자 집안 출신인 나 또한 어렵사리 유학 비용을 마련한 끝에 겨우 미국 유학길에 오를 수 있었다. 그리고 그곳에서 많은 것을 보고 느끼며 미래를 다져 나갈 수 있었다. 하지만 지금 상황은 그때와는 다르다. 무엇보다도 미국 내 상황이 과거와는 너무나도 달라졌다. 이미 1980년대부터 하락세를 보이기 시작한 미국 경제는 대부분의 경제 전문가들이 전망하듯 특별히 좋은 변수가 생기지 않는 한 앞으로도 크게 달라지지는 않을 것이다.

미국의 이러한 암울한 상황은 교육과 관련해서도 마찬가지다. 미국의 안 덩컨Arne Duncan 교육부 장관은 "미국의 교육 시스템 붕괴로 많은 어린이들의 잠재력이 꺾이고 있고 이는 국가적 손실로 이어지고 있다"며 미국 교육에 대해 크게 우려한 바 있다. 이를 입증하듯 〈크리스천사이언스모니터The Christian Science Monitor〉는, "매년 쌓이고 있는 학력 수준 격차가 미국이 겪고 있는 경기 불황에도 적지 않은 원인으로 작용했다고 보이는 만큼 미국 공교육은 심각한 상태"라고 보도했다. 〈월스트리트저널〉이 인용한 맥킨지McKinsey & Company 보고서 또한 "미국 학생들의 학력이 한국과 핀란드 수준으로 향상된다면 미국 국내 총생산은 연간 약 2조 달러 이상 증가할 것"이라고 분석하기도 했다.

이처럼 과거에는 '아메리칸드림'이라 회자되며 국제 사회를 리드해 온 미국이, 현재는 경제적 쇠퇴 등과 더불어 중산층이 붕괴되고 경제 발전 등의 여력이 미미해졌다. 그 여파로 교육 기반 또한 크게 흔들렸다. 이와 같은 미국 현실을 고려할 때, 그곳에서 과거와 같은 유학의 목적을 기대하기란 쉽지 않다. 물론 그렇다고 영어의 중요성을 부정하는 것은 결코 아니다. 오히려 나는 중국에서도 영어의 중요성에 대해 그 누구보다도 강조하고 있다. 그러나 미국의 현재와 미래를 냉철하게 전망할 때, 유감스럽지만 최고 유학지로서의 미국은 20세기 과거의 일이었다 할 것이다.

그렇다면 쇠락하는 미국과는 달리 부상하는 중국은 어떨까? 과연 21세기 최고의 유학지라 할 수 있을까? 먼저, 중국은 국제

사회에서 G2로 불릴 만큼 정치·경제적으로 급부상하고 있다. 2020년경이면 G1인 미국을 제치고 세계 최대의 경제 대국으로 등극할 것이라는 전망이 이어지고 있다. 물론 시민 의식의 성숙도와 같은 부분에 있어서는 아직 중국이 미국에 훨씬 못 미친다는 의견이 우세하지만, 눈부신 경제 성장에 힘입어 사회 전 분야의 개선도 빠르게 이루어지고 있다. 또한 매년 소득이 눈에 띄게 증가하면서 '공장으로서의 중국'이 '시장으로서의 중국'으로 급변하고 있다. 그 속에서 세계 최대의 소비 시장을 겨냥한 세계 각국의 개인 및 기업들의 중국 진출도 꾸준히 증가하며 중국 사회의 글로벌화를 촉진시키고 있다. 중국 사회는 지금, 보다 나은 삶과 미래에 대한 기대로 에너지와 활력이 넘친다. 이와 같은 중국에서 미래를 준비하는 것도 나쁘지 않을 것이다. 2014년 3월, 미국 오바마 대통령의 영부인 미셸 오바마도 무려 일주일간의 여정으로 중국을 방문했다. 미국에서 거세게 불고 있는 중국어와 중국 문화 배우기 등 '중국 열풍'을 고려하여 학부모의 입장으로서 모친 및 두 딸과 함께 중국을 찾게 되었던 것이다.

 하지만, 그럼에도 불구하고 중국을 '21세기 최고의 유학지'라고 하기에는 여전히 부족하다고 느껴지는 부분들이 있다. 먼저, 중국이 정치·경제적으로 잘나간다고는 하지만 사회·문화적으로는 아직 갈 길이 멀다. 사회 전 분야의 개선이 빠르게 이루어지고 있긴 하지만 여전히 고개를 가로젓게 하는 문제들이 중국 사회 곳곳에서 발견되는 것이 현실이다. 중국어 또한 앞으로 '대세 언어'가 될 수 있겠지만, 아직까지 그렇다고 단언하기는 힘들다. 이처럼 중국은 21세기 최고의 유학지라 하기에는 아직 여러모로 미흡하다. 자, 그렇다면 중국은 어떤 점에서 21세기 최고의 유학지라 할 수 있을까?

| 중국 상하이에서의 '글로벌 유학'에 주목하자

"중국에서 이런 유학이 가능할 줄은 꿈에도 몰랐어요. 한국에선 상상도 하지 못할 거예요."

"이건 뭐, 하루에 중국에서의 유학과 미국에서의 유학을 동시에 다 하고 있는 셈입니다."

"상하이에서의 유학은 곧 전 세계에서의 유학이라고 해도 과언이 아닐 것입니다. 무엇보다도 글로벌 각지 사람들이 모두 모여 함께 생활하고 있으니까요."

이는 상하이에서 유학 중인 한국 유학생들의 반응이다. 중국에서 상하이는 일반 중국이 아닌 '별천지'라 불리기도 한다. 많은 부분에서 중국의 일반 도시들과는 너무 다르다는 것이다. 이로 인해 중국 대부분의 지역이 상하이를 동경하는 가운데 시기하고 있기도 하다.

한편 2013년 12월 경제협력개발기구OECD가 발표한 국제학업 성취도평가PISA 결과에 따르면, 중국 상하이 학생들이 전년도에 이어 또 다시 1위를 차지했다고 한다. 국제학업성취도평가는 경제협력개발기구가 15세 학생들을 대상으로 수학, 과학, 독서 능력을 평가하는 테스트다. 65개국을 대상으로 한 이번 평가에서는 상하이에 이어 홍콩, 싱가포르 등이 이름을 올렸고 한국 학생들은 전체 평균 5위로 나타났다.

이러한 중국에서의 교육, 특히 중국 경제의 핵심이며 중국의 미래라 일컬어지는 상하이에서의 유학은 적극 고려할 만하다. 상하이에서의 유학은, 과거와 같이 중국어를 위주로 한 단순한 '중국 유학'이 아닌 명실상부한 글로벌 리더로 발돋움하기 위한 발판을 마련해 줄 것이다. 상하이 유학은 글로벌 세계로의 '글로벌 유학'이기 때문이다.

하지만 중국 유학과 관련해 우리 사회에 부정적 인식이 적지 않은 것이 사실이다. 1992년 한중 수교 이후 한차례 봇물 터지듯 유행했던 중국 유학 초기에는, 부족한 정보와 미흡한 유학 준비로 많은 유학생들이 중국 유학에 실패했기 때문이다. 그런데 냉정하게 평가할 때, 당시의 중국 유학은 처음부터 실패할 확률이 높을 수밖에 없었다. 첫째, 중국에 대한 이해 없이 '남들이 보내니까 더 늦기 전에 우리 애들도 보내야지'라는 식으로 이루어진 유학이 많았다. 둘째, 당시의 중국 유학은, 한국이나 영미권의 괜찮은 대학으로의 진학이 여의찮은 학생들의 사실상의 '도피유학'의 성격이 강했다. 그런데 안에서 깨진 바가지가 밖에서 새지 않을 수 있겠는가. '혹시나…' 하는 마음에 보낸 유학이 '역시나…'가 되는 것은 당연한 일이었다. 그러다 보니 중국에서 이들 중국 유학생들을 바라보는 눈초리가 고울 리 없었고, 기업들 또한 이들을 선뜻 받아들이지 않았다.

그럼에도 불구하고 상하이 유학을 적극 권하고 싶다. 우리가 살고 있는 21세기 오늘날 상하이로의 유학은, 잘 준비하고 활용한다면 단순한 중국 유학의 차원이 아닌 글로벌 유학의 정수가 되고도 남을 것이기 때문이다. 실제로 미국, 일본, 중국에서 정규 유학 생활을 하고 20년 정도 되는 해외 체류 경력이 있는 필자의 경험에 비춰 보더라도 상하이는 그야말로 21세기 최고의 유학지라 하기에 손색이 없다. 이런 판단 하에 나는 벌써 수년 전부터 조카들과 친한 지인들의 자녀들을 상하이로 데리고 와 유학시키고 있다.

그렇다면 상하이를 최고의 유학지로 만드는 요인은 도대체 무엇일까? 먼저, 상하이는 중국뿐만 아니라 세계 최대의 경제 도시이다. 이와 관련하여 상하이를 둘러싸고 중국인들 사이에서 회자되고 있는 몇 가지 재밌는 표현들을 알아보자. 중국에는 "과거를 보려면 시안으로, 현재를 보려면 북경으로, 그리고 미래를 느끼려면 상하이로 가라"라는 말이 있다. 이는 곧 상하이가 중국을 선도하는, 중국 여타 도시들의 벤치마킹의 대상이 되는 지역임을 잘 나타내는 말이다. 또한 "자식을 낳으면 상하이로 보내라"라는 말이 있다. 우리가 자식을 낳으면 서울로 보내려는 것처럼, '한 가구 한 자녀 정책'으로 하나밖에 없는 소중한 자녀들을 미래를 위해 상하이로 보내라는 것이다.

다음으로, 상하이는 글로벌 세계의 핵심이기 때문이다. 이와 관련하여 중국에서 생활하고 있는 외국인들 사이에서는 상하이의 위상에 대해 다음과 같은 말들도 우스개처럼 회자되고 있다.

"상하이에 가 본 적이 없으면 죽지도 마라!" 명실상부 21세기를 대표하는 최고 도시인 상하이를 방문한 적이 없다면, 21세기를 살았다고 말할 자격조차 없다는 것이다. 또 "상하이를 모르고서는 21세기 글로벌 비즈니스를 논하지 마라!"는 말이 있다. 2020년경의 상하이는, 오랫동안 세계 경제의 중핵과 같은 역할을 해왔던 미국 뉴욕의 역할을 대신할 것이라는 전망이 나오고 있다. 20세기에는 뉴욕을 모르고서는 글로벌 비즈니스를 논할 수 없었던 것처럼, 21세기에는 상하이를 모르고서는 글로벌 비즈니스를 논할 수 없다.

다양한 나라에서 온 사람들과 어울리면서 중국어뿐만 아니라 각국의 언어를 자연스럽게 배울 수 있다는 점은 상하이의 정말 큰 매력이 아닐 수 없다. 책상 위에서의 '생기 부족한' 교육에 익숙해진 우리에게는 상하이에서의 '생생한' 교육은 사실 상상조차 쉽지 않다. 이러한 상하이의 글로벌 환경을 잘 활용한다면 본인의 미래뿐만 아니라 우리나라의 글로벌 경쟁력 향상에도 큰 도움이 될 것이다. 그러므로 과거 뉴욕에서와 같은 글로벌 유학을 원한다면 상하이에 주목해 보자.

우연이 아닌
선택이 운명을 결정한다.

진 니데치 Jean Nidetch

성공적인 중국 유학을 위한 전략

건설적인 거리 유지와
'발 공부'

성공적인 유학 생활을 보내려면 어떤 자세로 임해야 할까? 이에 대해 3개국 유학을 거친 '유학 선배'로서, 중국 상하이 현지 대학교의 교수로서, 그리고 그동안 만난 우리 청년들과의 경험을 통해 절감한 가장 중요하다고 여겨지는 두 가지에 대해 이야기하고자 한다.

먼저, 다른 무엇보다도 한국인들과 '건설적인 거리'를 유지할 필요가 있다. 이는 중국 유학뿐 아니라 모든 해외 유학에 있어서 가장 중요한 포인트다. 유학을 가면 아무래도 낯선 곳에서 위축

되기 쉬운 만큼 처음에는 같은 나라 사람들을 찾게 된다. 이를 통해 유학 생활 초기 적응기도 비교적 수월하게 보낼 수 있고, 또 힘들 때는 동일한 언어와 문화를 지닌 이들이 도움이 되는 것도 사실이다. 하지만 이런 식으로 한국인들끼리만 가까이 지내다 보면, 현지 언어는 물론이거니와 현지 사회에 대한 접근이 어려워질 수밖에 없다.

이는 중국에서도 마찬가지다. 중국어 배우기가 힘들고 중국 문화에 거리감이 느껴진다고 한국 사람들하고만 가깝게 지내면 중국 생활에 적응하는 데 더 힘들 수밖에 없다. 이는 자신에게도 도움이 되지 않을 뿐만 아니라 함께 지내는 다른 한국인들에게도 '민폐'다. 함께 지내다 보면 한국어로 대화하게 되고 당연히 중국어를 쓸 기회가 줄어든다. 중국어를 못하니 자연스레 중국인 및 중국 사회와의 접촉도 줄고 중국인에 대한 이해 역시 제대로 이뤄지지 않으면서 악순환이 반복되는 것이다. 따라서 외국 유학 시에는 반드시 한국인들과 건설적인 거리를 유지할 필요가 있다.

이와 관련 K 양의 사례는 매우 안타깝다. 그녀는 한국에서 2년 간 다니던 대학을 포기하고 새롭게 유학길에 오른 케이스였다.

어느 정도의 유학 적응기를 지나서도 여전히 상하이에서 알게 된 한국인 학생들과의 교류 속에 빠져 있었다. 당장의 편안함에 한국인들과만 어울려 지내다 보니, 중국인이나 다른 외국인들과의 교류는 소홀히 하게 되면서 중국 속에서의 또 다른 '작은 한국' 생활만 이어 갔던 것이다.

물론 K 양도 '이러면 안 되는데…' 하며 적잖이 고민했다. 상담할 때 눈물을 보일 정도로 고민이 깊었다. 그리하여 글로벌이앤비의 한국인 선생님들로 하여금 중국인 학생 및 외국인 학생들을 소개해 주도록 했지만, 그 교류 역시 오래 지속되진 못했다. 낯선 생활에서 오는 긴장감과 스트레스를 풀기 위해 만났던 한국인 친구들과의 교류가 잦아질수록 외국인 친구들과의 '편하지 않은' 만남이 더 편하지 않게 느껴지며 결국 그들과의 연락이 끊기게 된 거다. 시간이 지날수록 K 양은 잘못된 유학 생활의 악순환 속으로 빠져들어 갔다. 시간이 지나도 중국어 실력은 늘지 않고 고민만 늘어 가는, 그 속에서 스스로를 다른 학생들과 비교하며 자신에 대해 또 실망하게 되는, 지금도 적지 않은 한국인 유학생들이 겪고 있는 실로 안타까운 그런 악순환으로 말이다.

이에 비해 한국에서 고등학교를 막 졸업하고 유학 온 K 군은 모범 사례라 할 만하다. 그는 고등학교를 졸업한 뒤 채 일주일도 되지 않아 상하이로 왔다. 그렇다고 그가 한국에서 고등학교를 다닐 때 특별히 중국 유학을 고려했던 것은 물론 아니었다. 수능 성적이 기대에 못 미치자 부모님의 권유에 내키지 않는 발걸음을 옮기게 된 것이다. 따라서 유학 초기에 그는, 중국에 유학 온 많은 우리 청년들이 그렇듯 중국어는 물론 중국에 대한 기초적 지식이 전혀 갖춰지지 않은 상태에서 유학 생활을 시작했다. 그로 인해 유학 생활 초기 적응기에는 '청개구리' 같은 생활을 했다.

사실 전혀 생각하지도 못한 중국 유학을 오게 된 학생들 중에는 유학 초기에 청개구리를 사랑하게 되는 사람들이 더러 있다. K 군과 같이 말을 잘 듣지 않고 반항하면서 애를 태우곤 하기 때문이다. 하지만 K 군은 얼마간의 적응기를 보내며 달라지기 시작했다. '상하이에서 유학을 시작하며'란 나의 강의를 듣고, 또 한국인들의 중국 진출을 돕기 위해 설립된 동화대 지정 산학 협력 법인인 글로벌이앤비의 한국인 선생님들과의 개별 상담을 거치면서 한국 학생들과의 '서로를 위한' 거리 두기에도 나섰다. 나에게도 찾아와 '낯설고 물 선' 중국 생활은 중국에 와 있는 만큼 역시 중국인들과 함께 시작하는 것이 더 효과적일 것 같다며 중국 사람들과 사귀는 방법이나 문화 차이를 극복하는 방법 등에 대해 기특하게도 자문을 구하기도 했다. 함께 온 다른 학생들은 여전히 중국에 오게 된 자신의 신세를 한탄하거나 한국을 그리워하며 잘 적응하지 못하는 시기였음에도 불구하고 그는 유학 생활의 제대로 된 좌표 설정에 스스로 적극 나섰다.

그 결과, 동일한 시기에 동일한 환경에서 시작된 유학 생활이었지만 그는 시간이 지날수록 다른 학생들과 뚜렷하게 대비되었다. 글로벌이앤비의 한국인 선생님들 또한 그에 대해 될성부른 나무는 떡잎부터 알아본다더니 장래가 매우 촉망된다"며 칭찬을 아끼지 않았다. 그 과정에서 그의 중국어와 영어 실력 또한 일반적으로 생각하기 쉽지 않을 정도로 급격히 늘었다. 그뿐만 아니라 "이번에는 어떤 중국인 친구를 알게 되었는데요…", "페루 친구가 방학 때 자기 나라에 놀러 가자고 초청했는데요…"라며 밝게 웃으며 유학 생활을 들려주는 등 그야말로 풍성한 유학 생활을 보내고 있었다.

다음으로 성공적인 유학 생활을 하기 위해서는 '발 공부'를 해야 한다. 사실 우리는 이미 '발 공부'가 더 많이 필요한 시대에 살고 있다. 오늘날과 같은 글로벌 시대에는 교실이나 도서관에 앉아 손으로 써 가며 암기 위주로 하는 기존의 '손 공부' 못지않게 글로벌 세계를 동분서주하는 가운데 보다 더 생생하게 느끼고 익히는 '발 공부'가 매우 중요하다. 다시 말해 연필이 두 자루 닳았으면 신발은 세 켤레가 닳아야 하는 것이다.

발 공부에 대해 좀 더 이해하기 쉽도록 외국어 학습을 한 예로 들어 보자. 우리 사회에서는 이미 초등학교에서부터 영어를 공부한다. 하지만 우리의 영어 구사 능력은 어떤가? 주로 교실에 앉아서 영어를 배우다 보니 영어를 읽고 쓰는 능력은 비교적 높게 나타났다. 하지만 일상생활에서는 듣고 말하는 능력이 더 중요하다. 외국인을 만나 이야기하는데 "잠깐, 나는 말하고 듣기는 잘 못하니까 써 줘"라고 요구할 수는 없지 않은가.

이를 고려하더라도 상하이에서만큼은 발 공부를 위주로 해야 한다. 손 공부는 발 공부를 위한 보완 수단 정도로 생각하고 강의실이나 도서관에 너무 머물지 않도록 해야 한다. 그 대신 상하이 곳곳을 한국인이 아닌 중국인이나 다른 외국인들과 함께 다니며 가급적 더 많이 보고 느끼도록 해야 한다. 이런 식으로 발 공부를 위주로 할 때 상하이로부터 더 많은 것을 얻을 수 있다.

발 공부와 관련하여 L 군의 사례는 아쉽기만 하다. 사실 L 군은 그 자신이 특별히 못났거나 무능력해서 '덜 효율적'인 유학 생활을 했다고는 생각되지 않는다. 그의 케이스는 우리 사회 제도권 교육의 학습 방법에 익숙한, 대부분의 한국 유학생들에게 공통되는 사례이기 때문이다.

대부분의 우리 청년들은 발 공부의 중요성에 대해 알고 이를 인정한다. 하지만 이를 행동으로 잘 옮기지 못한다. 아무래도 한국식 학습 방법, 즉 강의실과 도서관, 학원 등에서 책상과 더불어 하는 손 공부에 너무 익숙하기 때문이다. L군 또한 바로 이런 손 공부 학습의 전형적인 케이스였다. L군도 발 공부의 중요성에 대해 알게 된 뒤 이를 실천하기 위해 노력했다. 하지만 개별 상담 자리에서 그는 "너무 불안하다. 내가 과연 잘하고 있는 건지 모르겠다"며 불안해했다. 자신은 발 공부를 통해 더 많은 것을 보고 느낄 수 있으리라 생각하며 최대한 그렇게 하려고 했지만, 함께 온 다른 한국 학생들은 한국에서와 마찬가지로 강의가 끝나면 주로 도서관이나 자습실에 모여 손 공부에 여념이 없다는 것이다. 그러다 보니 발 공부가 필요하다고 생각하긴 하지만 대학 문을 박차고 나가 과감하게 발 공부를 실천하는 사람은 찾아보기 쉽지 않으니 너무 혼란스럽고 불안하다는 것이다.

오랜 관행을 깨기가 쉽지는 않을 것이다. 하지만 주위에서 아무리 격려하고 잘 이끌어 주어도 이를 극복해 내는 것은 결국 본인의 몫이다. L 군은 머릿속으로는 발 공부의 중요성에 대해 제대로 인지하고 있었다. 또한 손 공부에만 주력하는 한국 유학생들에 대해 '강남 스타일'에 빗대 '한국 스타일 공부(Korean style study)'라며 풍자하는 외국인 학생들이 있다는 것도 알고 있었다. 그럼에도 불구하고 손 공부에 여념이 없는 다른 한국 학생들을 보며 결국 오랜 관행의 벽을 넘지 못했다. 결국 L 군도 다른 한국 학생들처럼 "HSK 급수를 따기 위해서는 많은 것을 암기할 필요도 있기 때문에…"라는 이유를 대며 다시 손 공부의 품으로 돌아가고 말았다.

이에 비해 S 군은 발 공부에 아주 적극적이었다. 그는 대학교 4학년 때 파견 학기의 형태로 한 학기를 상하이에서 지냈다. 그는 '발 공부'에 대한 내 강의가 끝난 뒤 바로 상담을 청해 왔다. 그리고는 졸업 후에 여행업에 종사하고 싶다는 자신의 희망을 들려주며 이를 위해 상하이에 있는 동안 어떤 식으로 어떻게 발 공부를 해야 할지 문의하였다. 이에 "먼저 '상하이 전문가'가 돼라. 상하이를 알면 중국을 알 수 있기 때문이다"라고 조언했다. 한국에서는 '상하이' 하면 여전히 푸둥이나 와이탄 등의 초고층 빌딩만 떠올린다. 하지만 그래서는 '중국의 미래'이며 '21세기 최고의 도시'라 일컬어지는 상하이의 진가를 제대로 알 수 없다.

  그 이후에도 그는 가끔 나를 찾아왔다. 그리고 그동안 자신의 행적을 들려주고 그 과정에서 궁금했던 사항이나 이해가 되지 않았던 것들을 묻곤 했다. 그의 눈동자는 매우 생생하게 빛나고 있었다. 사실 처음 만났을 때의 S 군은 외향적이거나 진취적인 타입의 청년과는 다소 거리가 있어 보였다. 하지만 시간이 지날수록 그에게서 생동감이 느껴졌으며 그 자신 또한 "한국에서는 느낄 수 없었던 자신감을 갖게 된 것 같다"고 했다. 그는 성공적인 유학의 전형적인 선순환을 그려 가고 있었다. 그러다 한 학기 동안의 파견 학기가 끝날 즈음에는 "아무래도 한 학기로는 부족한 것 같다"며 이번에는 한 학기를 휴학하고 상하이에 남았다. 그러면서 더 분주히 상하이 곳곳을 돌아다녔다. 그리고 한국으로 돌아가 복학하고 얼마 안 있어 맞이한 졸업 즈음에 그는 기쁜 소식을 전해 왔다. 한국에서 가장 큰 여행사에 취업하게 되었다는 것이다. 기쁜 마음에 제일 먼저 소식을 전하고 싶어 전화했다는 그는, 상하이에서의 발 공부 결과 얻게 된 많은 성취들이 취업에 크게 작용한 것 같다며 발 공부의 중요성을 일깨워 줘서 감사하다고 몇 번이고 인사했다.

물론 상하이에 처음 온 사람이 밥 공부를 효과적으로 잘 해내기란 쉽지 않다. 당장 중국 생활에 적응하고 중국어 배우는 일이 시급하기 때문이다. 나는 소속 대학교와의 협의하에 수년 전부터 한국인들을 위한 중국 상하이 어학연수 및 유학 관련 교육 프로그램을 전개해 오고 있다.

먼저 '상하이 단기 체험 과정'이다. 현재 '세계 경제의 미래 상하이 탐구 캠프', '중국 창업을 위한 상하이 현지 캠프' 등이 진행되고 있다. 이 과정들은 상하이에 일주일 정도 머물며 중국의 과거, 현재, 미래뿐 아니라 글로벌 도시로서의 상하이를 체감할 수 있도록 구성되어 있다. 우리가 중국을 어떻게 바라보고 접근해야 더 밝은 미래를 위해 활용할 수 있는지 스스로 깨달을 수 있도록 주요 산업 시설 견학, 전문가 강연, 과제 수행 및 토론 등의 프로그램이 진행되고 있다.

다음으로 '방학 과정'이다. 2~4주간의 일정으로, 오전에는 세계 각국의 외국인들과 함께 중국어를 학습한다. 오후 수업은 중국과 상하이, 그리고 글로벌 세계에 대해 우리 사회에서는 접하거나 느낄 수 없는 내용 위주로 구성되어 있다. 예를 들면, 상하이에 거주하는 다양한 분야의 실무 전문가들의 강연, 중국 정부

관계자나 각계각층 중국인 전문가와의 간담회, 중국 학생들 및 재중 외국인 유학생들과의 교류, 중국 취업 및 창업과 관련하여 실제 성공한 사람들의 강연과 이와 관련된 현장 견학, 그리고 참가자들로 하여금 관심 있는 분야를 직접 정하도록 하여 현장을 조사하며 과제를 수행하게 하는 팀별 과제 수행(Field Study) 등이 그것이다.

세 번째로 '글로벌 현장 실습 과정'이다. 고등학생이나 대학생을 대상으로, 약 한 학기 동안 상하이의 다양한 기업체에서 글로벌 비즈니스를 직접 체험하도록 하는 커리큘럼이다. 학생들은 우선 중국어 수업과 현장 실습을 위한 다양한 소양 교육을 받게 되고, 이후 사회 현장에 직접 투입되어 실제로 현장 체험을 하도록 하고 있다.

네 번째는 '상하이 현지 학기 과정'으로, 현재 '상하이 필드 스터디Field Study 학기', '상하이 영어+중국어 학기', '상하이 창업(취업) 예비 학기' 등의 과정이 개설되어 있다. 각 과정 모두 오전에는 세계 각지의 외국인들과 함께 중국어를 학습하고 오후에는 각각의 과정을 위한 고유의 커리큘럼에 따른다. 예를 들면, '상하이 필드 스터디 학기'는 참가 학생들을 관심 분야에 따라 중국 무역, 유통, 금융, 의류 패션, 문화, IT, 중국 창업 등과 같은 팀으로 나누어 각 분야에 종사하고 있는 실무 전문가들의 멘토링을 토대로 실제로 현장 조사를 전개하고 발표하는 방식으로 전개된다. '상하이 영어+중국어 학기'는 별도로 구성된 영어 수업과 영어권 외국인들과의 교류를 통해 영어 실력 향상에 주력하도록 되어 있다. '상하이 창업(취업) 예비 학기'는 졸업 후 상하이를 토대로 한 창업을 위해 미리 다양한 분야에 대해 알아보고 관련 기업도 방문하며 향후의 중국 진출을 준비하도록 하는 과정이다.

다음으로 '국제학부 과정'이다. 이는 동화대학교의 4년 정규 학부 과정으로 모든 과목이 영어로 진행된다. 그러다 보니 한국 유학생들 사이에서는 "중국에서 미국 유학도 한다"며 독특하게 불리고 있기도 하다. 그 구성 또한 독특해서 한국 대학의 국제학부와는 달리 중국인 학생들의 입학은 허용되지 않는다. 즉, 전 세계 각지에서 온 외국 유학생들만을 대상으로, 전 세계 각지에서 온 외국인 교수들에 의해 진행되는 것이다. 가끔씩 학생들에게 "너는 중국 유학을 온 거냐, 미국 유학을 온 거냐"하고 농담하면 "사실 저도 그게 고민이에요. 이제 영어는 자신 있는데 상대적으로 중국어가 아직…"이라며 멋쩍어 하기도 한다. 중국에 유학 왔지만, 영어 위주의 환경에 놓여 있어 생기는 해프닝이다. 필자도 국제학부에 소속되어 있는데 실로 다양한 외국인들을 자연스럽게 접할 수 있는, 중국 안의 작은 글로벌 세계라 할 수 있다. 물론 중국 대학이니 만큼 당연히 중국어 및 중국 문화 등의 체득도 자연스럽게 이뤄지도록 커리큘럼이 짜여 있다. 국제학부 과정은 영어와 중국어를 동시에 배울 수 있고 글로벌 세계를 경험할 수 있는 그야말로 '강추' 하고 싶은 유학 프로그램이다.

이 외에도 중국으로 진출하고자 하는 기업들의 원만한 진출이 가능하도록 지원하는 '중국 진출 예비 과정'이나 다양한 국가 기관 및 지방자치단체, 교육 기관 등과의 협력을 토대로 진행되는 '중국 취업 과정'을 비롯한 '중국 창업 캠프', '청년 CEO 중국 진출' 등, 한국 기업과 개인의 상하이 진출 시 조금이나마 참고가 될 수 있는 다양한 프로그램들을 기획하여 전개하고 있다.

【중국 유학 선배의 어드바이스】

상하이자오퉁대학교 영어영문(비즈니스금융)학과 우미나

저는 고등학교 1학년 때, 좋은 기회를 얻어 상하이로 유학 오게 되었습니다. 이후, 상하이의 한국 학교나 국제 학교가 아닌 중국계 고등학교를 거쳐 현재는 상하이자오퉁대학교에서 영어영문학을 전공하며 까다로운 '영·중 동시통역'이나 '영·중 번역' 과목 등에 애먹고 있는 중이랍니다.

중국의 발전은 전 세계가 주목하고 있고 이러한 이유로 전 세계 학생들이 상하이 유학을 선택하고 있는 것 같습니다. 하지만 이곳 현지에서 볼 때 모든 유학생들이 유학에 성공하는 것은 아닙니다. 유학에 실패하여 모국으로 되돌아가는 학생 수도 적지 않습니다. 그러면 성공적인 유학 생활을 위해서는 어떤 노력을 해야 할까요? 이에 대해 그동안의 제 경험과 주위 선후배나 친구들의 간접적인 경험 등을 토대로 가장 중요하게 여겨지는 몇 가지를 알려드리고자 합니다.

우선, 자신의 목표를 정확하고 구체적으로 세워야 합니다. 유학 생활 중에도 어떤 학생들은 자신의 목표를 구체적으로 세워 두고 이를 이루기 위해 노력합니다. 이런 사람들은 성공적으로 유학 생활을 마치고 자신이 하고 싶은 것을 하며 살아갑니다. 그러나 중국 유학은 자신이 원했던 것이 아니라며 구체적인 목표도 없이 '될 대로 돼라'는 식의 마음가짐을 가지고 있는 학생들도 꽤 있는데요, 이런 학생들은 결국 중국 유학뿐 아니라 그 어떤 일에서도 성공적인 결과를 얻을 수 없을 것입니다. 이를 생각하더라도 성공적인 유학 생활을 위해서는 무엇보다 목표를 세우고 이를 실천하기 위해 노력하는 생활이 제일 중요합니다.

다음으로 중국인 친구 사귀기에 적극 나서야 합니다. 중국에는, 특히 이곳 상하이에는 세계 각지로부터 온 수많은 유학생들이 있습니다. 물론 이들 가운데는 우리 한국 학생들도 포함되는데요, 이 중 중국인들과 소통하고 교류하며 지내는 유학생들은 과연 얼마나 되는지 아시나요? 정답은 '매우 드물다'입니다. 상하이의 적지 않은 한국인 유학생들의 생활을 예로 들자면, 그들의 많은 경우가 한국인들만 따로 모아 수업하는 학교나 사설 학원 등을 통해서 중국 유학을 시작합니다. 그런데 이러한 출발은 학생들이 중국인들과 친해질 수 있는 기회를 잃게 만드는 큰 원인이 되는 것 같습니다. 저는 처음 중국에 왔을 때 중국어를 단 한마디도 할 줄 몰랐습니다. 그렇지만 중국 유학의 첫 시작을 중국 학교에서 시작했고, 그렇기 때문에 처음에는 말이 통하지 않아 너무나도 고생이 심했습니다. 하지만 그러는 동안에 같은 반 중국인 친구들이 도와주기 시작했고 짧은 시간에 중국어 실력을 높일 수 있었습니다. 그렇게 중국인 친구들과 어울리는 가운데 중국 사회와 중국 문화를 자연스럽게 익힐 수 있었습니다.

그렇게 고등학생 시절에 익힌 중국인 친구들과의 교류 방법은 대학 진학 후에 더 크게 도움이 되었습니다. 사실 정말 아무것도 모르는 상태에서 대학에 진학했기 때문에 대학 진학 후 첫 학기는 정말 힘들었습니다. 이 시기에 저는 고등학생 시절을 떠올리며 중국인 친구들에게 다가가 많은 질문을 했습니다. 그리고 같은 과 중국인 친구들은 항상 친절하게 설명해 주었습니다. 학년이 올라갈수록 친구들과의 사이는 더욱 돈독해졌고 현재 저는 그 덕에 중국인 친구들뿐 아니라 한국인, 일본인 등 다른 유학생들과도 널리 교제하며 충실한 유학 생활을 보내고 있습니다. 만약 첫 학기에 중국인 친구들과의 교류에 제가 적극 나서지 않았다면 현재 제 옆을 지키고 있는 소중한 중국인 친구들도 없었을 것입니다.

이런 제 경험에 비춰 보더라도 저는 중국인 친구를 사귀는 것은 중국어뿐만 아니라 중국 문화와 관습, 그리고 중국인들의 사고방식을 이해하는 데 매우 큰 도움이 된다고 생각합니다. 아무리 불편하고 힘들고 어색하더라도 중국인 친구 사귀기에 스스로 먼저 나서길 바랍니다.

마지막으로, 중국어 이외의 지식 쌓기도 중요한 것 같습니다. 저도 중국 유학 초기에는 중국어 하나만 잘하면 성공할 수 있다고 생각했습니다. 하지만 그것은 큰 오산이었습니다. 현재 중국에 있는 한국 유학생들의 중국어 외 다른 분야의 지식수준이 큰 문제로 떠오르고 있습니다. 물론 한국에 있는 친구들이 그들이 중요시하는 것을 공부할 때 우리는 중국어나 중국 문화 등을 공부하고 있었기 때문에 어쩔 수 없다고 할 수도 있겠지요. 하지만 이미 졸업하여 취업한 선배들의 이야기를 들어 보면 사회는 그런 사정을 봐주지 않는 것 같습니다. 그러므로 성공적인 유학뿐만 아니라 자신의 미래를 위해서라도 중국 유학생들은 중국어 외에 다른 분야의 지식 쌓기에도 미리부터 신경 쓸 필요가 있습니다.

세계는 계속 발전하고 있고 그 가운데 중국은 점차 경제 대국으로 성장하고 있습니다. 저는 중국 상하이는 중국어뿐만 아니라 영어나 다른 외국어, 그리고 중국 문화뿐만 아니라 전 세계 각국의 글로벌 문화도 동시에 배우고 익힐 수 있는 곳이라고 생각합니다. 이런 다채로운 곳은 아마 지금 이 세상에 또 없을 것입니다. 따라서 글로벌한 꿈을 품은 사람이라면 중국 상하이에서 구체적인 목표를 가지고 다양한 사람들과 어울리며 여러 분야에서 지식을 쌓아 나간다면, 분명 더할 나위 없이 훌륭한 글로벌 인재가 될 수 있을 것이라고 생각합니다.

비관론자는 모든 기회에서
어려움을 찾아내고,
낙관론자는 모든 어려움에서
기회를 찾아낸다.

윈스턴 처칠 Sir Winston Churchill

21세기 최고의
유학 수기

내 꿈을 더 크게 한 상하이에서의 유학 생활

- 동화대학교 국제학부 이강무

안녕하십니까? 중국 동화대학교 국제학부에 재학 중인 이강무입니다. 현재는, 한국에서는 상상하지도 못했던 다양한 외국인 친구들과 많은 경험을 쌓는 가운데 학교와 학과 생활에 만족하고 있습니다. 그러나 중국에 처음 왔을 때는 정말이지 눈앞이 캄캄하기만 했습니다.

중국 유학을 오게 된 이유는 상하이에 계신 삼촌의 권유 때문이었습니다. 2010년 수능을 준비하고 있었는데 솔직히 진학하고 싶은 대학에 갈 자신이 없었습니다. 그때 상하이의 삼촌으로부터 상하이에서 공부하는 것은 어떻겠냐는 권유를 받았습니다. 시험을 앞두고 있었기 때문에 선뜻 대답하지 못했습니다. 또 그때까지만 해도 저는 중국에 대해 좋은 이미지보다는 나쁜 이미지를 훨씬 더 많이 갖고 있었습니다.

하지만 부모님께서도 상하이로의 유학을 권하셨고 결국 제 의지보다는 부모님의 강한 권유로 2010년 3월 상하이로 오게 되었습니다. 처음 국제학부에 입학했을 때는 모든 것이 낯설고 영어와 중국어 문제로 인한 의사소통이 쉽지 않아 많은 어려움을 겪었습니다. 아, 참고로 동화대 국제학부는 한국인 학생들이 주류를 이루는 한국 대학들의 국제학부와는 달리 중국인 학생의 입학은 허용되지 않습니다. 이로 인해 전 세계 각국에서 온 엄청나게 다양한 외국인 학생들 및 외국인 교수님들과 영어를 공용어로 생활합니다. 물론 중국 대학이니까 중국어와 중국 문화 등을 공부하는 것도 당연합니다. 즉, 중국 대학에서 중국어뿐 아니라 영어나 다른 외국어도 자연스럽게 접할 수 있다는 장점이 있습니다.

다시 원래 이야기로 돌아와서, 중국에 막 와서 예비 과정을 마친 뒤 대학에 입학했던 중국 유학 초기에는 언어 문제 극복을 위한 노력을 제대로 하지 않았던 것 같습니다. 그러니까 유학 생활은 점점 더 힘들어졌고 그래서 상하이에 온 것은 잘못된 선택이었다며 후회하기도 했습니다. 그러다가 한 학기를 마친 뒤 바로 군대에 입대하였습니다.

그런데 군대에서 다양한 사람들을 만나면서 '내가 있던 환경이야말로 남들이 부러워하는 곳이었구나!' 하고 깨달았습니다. 하고자 하면 흔히 말하는 '글로벌 리더'가 될 수 있는 좋은 기회가 주변에 널려 있었음을 뒤늦게 알게 된 것입니다. 그리하여 제대 후 3일 만에 다시 상하이로 왔습니다. 복학 후 처음에는 언어 때문에 다소 힘들었습니다. 하지만 지금은 군대 가기 전의 상황과는 많이 다릅니다. 저에겐 영어와 중국어를 자연스럽게 익힐 수 있는 멋진 환경이 있습니다. 그래서 이를 최대한 활용하고자 중국인을 포함한 외국인 친구들과 더 가까이 사귀며 지내고 있습니다. 기숙사 룸메이트도 아예 프랑스에서 온 친구로 하여 24시간 내내 영어나 중국어로만 생활하고 있는 중입니다. 그러자 영어와 중국어 실력이 쑥쑥 늘었고 힘들게만 느껴졌던 수업도 즐기게 되었습니다. 제 의지와 상관없이 오게 된 상하이 유학이지만 지금 저는 다양한 외국인 친구들과 함께 생활하는 가운데 글로벌 리더로서의 꿈을 더 크게 키워 가고 있습니다.

상하이는 나의 제2의 보금자리

- 동화대학교 국제학부 김현진

　나는 상하이에 오기 전에 버젓이 한국에서 대학을 다니고 있었다. 그러던 어느 날 아버지로부터 상하이에 있는 한 대학의 국제학부 프로그램을 소개 받았다. 처음에는 정말 당황스러웠다. 갑자기 유학이라니? 게다가 주위 사람들은 다 미국이나 캐나다 등 영어권 나라로 유학을 갔는데 생뚱맞게 중국이라니?

　고민할 시간이 필요했다. 하지만 국제학부에 대해 자세히 듣고 난 뒤 마음이 바뀌었다. 일단 상하이에서 중국어도 배울 수 있고 상하이라는 국제적인 도시에서 글로벌한 체험을 할 수도 있지 않은가. 또한 중국은 급속도로 발전하는, 기회가 무한한 나라다. 그 발전의 중심에 있는 상하이에서 공부할 수 있다는 것은 정말 좋은 기회라고 생각했다. 이에 더해 내가 공부하려 했던 것은 영어로 진행되는 국제학부의 국제 비즈니스였기 때문에 영어 공부에도 큰 도움이 되리라 생각했다. 잘만 하면 중국어뿐만 아니라 영어, 그리고 국제 비즈니스도 배울 수 있지 않은가! 나는 아버지의 전화를 받고 3일 만에 결정을 내렸다. 그리고 10일 후에 상하이로 갔다.

상하이로 온 것은 지금 생각해 봐도 정말 잘 한 결정이다. 일단 상하이는 정말 멋지고 아름다운 도시다. 중국의 과거, 현재, 미래가 공존하는 도시다. 게다가 중국 문화뿐만 아니라 세계 여러 나라의 문화와 관습을 배우고 체험할 수 있다. 볼리비아 친구와 라마 고기를 먹고, 독일 친구와 맥주를 마시고, 일본 친구와 초밥을 먹고, 터키 친구와 케밥을 먹는 등 세계 여러 나라에서 온 친구들과 함께 그 나라의 문화와 언어를 배울 수 있다. 새로운 문물을 경험하는 것은 정말 재밌고 신나는 일이다. 과장이 아니고, 가끔 심장이 뛸 때가 있다.

상하이는 정말 내 심장을 뛰게 하는 곳이다. 매일 발전하고 변화하는 모습에 나도 같이 발전하고 변해 간다. 미래를 지향하며 발전하는 모습이 내 미래에 대한 열정을 불러일으키기도 한다. 내 소중한 청춘을 여기서 보낼 수 있다는 게 너무나 행복하다. 이런 기회를 가질 수 있도록 도와준 부모님과 교수님 그리고 유학 생활에 도움을 주는 글로벌이앤비의 듬직한 한국인 선생님들께도 항상 감사하다. 나는 오늘도 상하이와 같이 현재 진행형으로 미래를 위해 발전 중이다.

발로 뛰며 미래를 깨닫게 한 '상하이 필드 스터디 학기'

- 방학 단기 연수 학생 이소연

'한 달간 실컷 놀다 가자!' 2012년 7월쯤 이곳 상하이 동화대학교에 단기 어학연수 프로그램으로 1개월간 오게 되었다. 정말 가벼운 마음으로 새로운 나라에 간다는 생각만으로 즐겁게 왔다. 그리고 한 달 동안 많은 곳을 다녔고, 같은 반 외국인 친구들도 많이 사귀었다. 한국에서 할 수 없었던 새로운 경험들로 충만한 시간이었다. 하지만 시간이 지날수록 아쉬웠다. 또 점점 마음이 무거워졌다. 왜일까? 상하이에서 지내면서 중국어 수업을 듣고 '필드 스터디'라는, 현장을 직접 발로 뛰는 수업에 참가하는 가운데 놀기만 해서는 안 될 것 같다는 생각이 들었기 때문이었다. 그 결과 2013년 3월, 나는 다시 상하이에 오게 되었다.

내가 상하이에 오기 전 가장 많이 들었던 말은 "중국? 하필 왜 중국으로 가?"라는 말이다. 친구, 친척, 주변 지인들에게 중국에 간다는 말을 할 때마다 항상 들었던 소리다. 대부분의 사람들은 '중국' 하면 더러움, 무질서, 장기 매매 등과 같은 부정적인 이미지를 먼저 떠올린다. 이는 중국에 오기 전의 나도 마찬가지였다. 하지만 이런 생각은 짧다면 짧은 한 학기를 보내고 나서 완전히 바뀌게 되었다.

나는 이곳에서 한 학기 동안 오전에는 다양한 외국인들과 함께 중국어 수업을, 오후에는 매주 2~3번 '필드 스터디'와 '중국 비즈니스의 현장 이해'라는 수업을 들었다. 먼저, 오전의 중국어 수업은 중국인 선생님과 외국인 친구들과 함께 수업을 듣는데 처음에는 따라잡기가 벅찼다. 하지만 그것도 잠시 조금씩 이곳의 생활에 익숙해지고, 반 친구들과도 친밀한 관계가 생기면서 중국어를 내뱉는 것에 대한 두려움이 사라지기 시작했다. 한국에서 공부하던 것처럼 문법만 생각하고 말한다면 당연히 틀릴까 봐 불안해하고 두려워할 수밖에 없었다. 그러나 이곳에선 달랐다. 틀려도 누구 하나 그 말이 틀렸다고 핀잔주는 사람이 없었다. 또 그날 배운 회화나 어법들을 수업이 끝난 후 식당이나 슈퍼에 가서 바로바로 사용할 수 있었다. 한국에서 매번 외웠지만 쉽게 잊어버리던 문장들도 그날 배우고 그날 바로 직접 말을 해 봄으로써 잊지 않게 되었다. 즉 실생활에서 내가 쓸 수 있는 말이 하나하나 늘어 간 셈이다.

또 각국에서 모인 외국인 친구들과의 교류는 폭 넓은 인간관계를 넘어서 세계화 시대에 어떻게 이들과 의사소통을 해야 하는지를 몸소 느끼게 해 주었다. 한국에서 어떻게 이렇게 다양한 인종의 친구들과 함께 어울리며 생활할 수 있겠는가. 이것은 세계 각국의 사람들이 모여 있는 중국 상하이만의 강점이라는 생각도 들었다. 반에선 중국어만 쓰는 것이 아니라 조금 부족한 의사소통은 영어로 대화하면서 중국어와 영어를 둘 다 공부할 수 있는 계기가 되기도 했다. 시작하기 어려워서 또는 싫어서 미루고 미루던 영어 공부도 이곳에 와서 제대로 다시 시작해 봐야겠다는 욕심과 목표 의식이 생겼다. 즉 중국어와 영어의 중요성에 대해 피부에 와 닿게 체감하게 된 것이다. 사실 마음만 먹으면 중국어보다 오히려 영어를 더 잘할 수 있는 곳이 이곳 상하이였다.

다음, 오후 수업은 '필드 스터디'와 '중국 비즈니스의 현장 이해'라는 수업으로 나누어진다. '중국 비즈니스의 현장 이해'는 상하이 등에서 직접 사업체를 운영하거나 다양한 분야에 종사하고 있는 비즈니스 실무진들이 와서 강의를 해 주는 형태다. 한국에서 인터넷 기사, 뉴스로만 보던 자료와는 차원이 다른 그야말로 생생한 정보를 얻을 수 있는 수업이다. 평소에 관심이 없던 분야에 대해서도 이곳 실무진들의 강의를 통해 중국의 문화, 무역, 역사, 비즈니스, 경제 등 정말 다양한 분야에 대해 알 수 있게 되었다. 또 중국에 와서 중국어만 배우는 것이 아닌, 다양한 사회 현장 및 글로벌 비즈니스 등에 대해서도 관심을 갖게 하고 정보를 얻을 수 있는 수업이라 더 좋았다.

'필드 스터디'는 그룹 과제가 주어지는데 다양한 주제들 중 내가 관심 있는 분야에 참가하여 그룹별로 프로젝트를 수행하고 발표하는, 강의실보다는 사회 현장 구석구석을 발로 뛰며 공부하는 수업이었다. 중국 비즈니스 수업 때는 실무진으로 구성된 강사들에게 의견을 묻고 조언을 얻으며 그들과 지속적인 관계를 유지할 수 있었고, 필드 스터디 수업은 관심 분야에 대해 직접 발로 뛰며 다녔기에 머릿속에 들었던 지식을 바로 현실화시킬 수 있는 살아 숨 쉬는 수업이었다.

오후의 이 두 수업은 각각 독립적인 수업 과정이 아니라, 연계성을 가지고 배운 것을 바로 실천할 수 있게 하는 효율적인 과정이라는 생각이 든다. 중국에 와서 중국어 공부만 하는 유학이 아닌 중국의 문화, 사회, 경제 등 다방면에 지식을 갖춘 인재를 양성하는 데 의의를 두는 수업인 것이다. 더불어 자신의 노력과 의지만 더해진다면 다양한 기회가 있는 중국이라는 큰 대륙에서 일석이조, 삼조의 기회를 잡을 수 있는 값진 시간이 될 수 있는 수업이라고 생각한다.

이젠 "왜 하필 중국에 가?"라는 궁금증을 지닌 사람들에게 말할 수 있다. 중국, 특히 경제의 도시, 중국의 미래라고 불리는 상하이는 내가 노력한 만큼 결실을 얻을 수 있는 기회의 도시이다.

이미 찬 물병에 물을 부어 본들 넘쳐흐르기만 한다. 이미 포화 상태인 한국 시장에서 취업, 창업 또 내가 시도해 보고 싶은 다양한 기회를 잡기란 하늘의 별 따기처럼 어렵다는 것은 취업을 코앞에 두고 있는 취업 준비생이 아니더라도 대부분의 사람들이 잘 알고 있는 현실이다. 중국에서도 역시 모든 일을 쉽게 할 수 있는 것은 아니다. 하지만 아직 다 채워지지 않은 물병 같은 이곳은 노력한 만큼 다양한 결과를 볼 수 있는 곳이라는 생각이 든다.

중국 시장의 기회를 깨닫게 한 상하이 유학
- 중국 창업 예비 학기 학생 김동준

중국의 대학에서 한 학기 동안 실제로 생활하며 체험하는 '상하이 현지 학기 과정'에 신청하면서, 사실 처음에는 중국이라는 이유 때문에 믿음이 가지 않았다. 전공이 패션 디자인인 만큼 중국보다는 유럽 쪽으로 가는 것이 낫지 않겠냐는 말도 많이 들었다. 또 '겨우 한 학기만 있는데 뭘 배울 수 있을까' 하는 생각도 들었다. 그 때문에 상하이로 가기 직전까지만 해도 '가는 것이 맞는지…' 하는 고민도 많이 했다. 하지만 중국에 갔다 온 친구들의 이야기를 들으며 결국 동화대학교의 '필드 스터디 학기'에 가기로 결정했다.

처음 중국에 와서는 의외로 엄청나게 깨끗하고 중국인들도 친절해서 깜짝 놀랐다. 오기 전에는, 먼저 중국에 온 친구 하나가 중국 음식이 입에 맞지 않아 고생했다는 이야기를 해서 약간 불안했지만 막상 그렇지도 않았다. 처음 도착해서 먹은 음식이 입에 잘 맞아서 요새도 그 음식점에 자주 간다. 이곳 생활에 익숙해지면서 '정말 별것도 아닌 일로 고민했구나'라는 생각과 더불어 '내가 그동안 정말 작은 세상에 살고 있었구나' 하는 생각마저 들게 되었다.

또한 상하이에 오기 전에는 내 고향인 부산, 부산에서의 학업, 취업만 생각했었는데, 상하이게 오고서 생각이 바뀌었다. 여기서 만난 외국인 친구들은 어렸을 때부터 가족들과 떨어져 생활한 친구들도 많았고, 이곳에서 벌써 직장을 구한 친구들도 많았다. 이 친구들과 함께 생활하면서 내가 모르는 것이 정말 많고, 또 내가 중국에 온 것은 정말 아주 작은 일일 뿐이라는 생각도 들면서 더 적극적으로 많은 곳을 가 보고 싶다는 생각도 하게 되었다.

상하이에서는 한국에서 못 했던 경험들도 많이 했다. 예를 들면, 우리나라에서는 발표를 시키면 서로 안 하려 하는데 여기서는 "누가 먼저 발표할래?" 하면 서로 먼저 하겠다는 적극적인 친구들이 많다. 나도 낯을 많이 가리는 편이라 처음에는 발표를 시켜도 나가지 않으려 했다. 그러나 이 친구들과 함께 수업을 들으면서 성격도 더 밝고 적극적으로 바뀌게 되었다.

오전 수업은 외국인들과의 중국어 수업이라 너무 재밌고 만족했다. 하지만 사실 오후의 필드 스터디 수업은 약간 실망하기도 했다. 오기 전에는 실제로 작업 현장에 나가서 옷이 어떻게 제조되는지, 중국 의류 시장의 트렌드는 어떤지 직접 체험하는 수업인 줄 알았기 때문이다. 하지만 현장에 나가기 전에 강의실 수업이 필수였던 것이다. 그런데 리포트를 쓰려고 정리해 놓은 노트를 펴 보며 그게 아니라는 것을 깨달았다. 만약 이곳에 오지 않았다면 그러한 강의를 해 주신 분들을 만날 수 없었을 것이며, 또 중국 의류 시장의 트렌드와 한국인들의 진출 등에 대한 이야기도 들을 수 없었을 것이기 때문이다. 이제는 학기가 거의 끝이 났지만 또 와서 더 깊이 있게 배우고 싶다는 생각이 간절하다. 기대하지 않은 상태에서 알게 된 중국의 의류 패션 시장, 먼저 깨닫는 자가 먼저 얻는다고 이젠 이곳을 내 것으로 만들기 위해 전력 질주할 것이다.

상하이 현지 수업으로부터의 연속적 충격
- 파견 학기 학생 정미경

한국의 모교에서 한 학기 동안의 파견 학기 학생 자격으로 상하이로 왔을 때 가장 먼저 받았던 충격은 중국인 학생 수에 버금갈 만큼 많은 외국인의 수였습니다. 이름만 들어도 누구나 다 아는 나라, 미국, 영국, 스위스 등은 물론이고 생소한 이름의 나라에서 온 학생들도 굉장히 많았습니다. 마치 세계 지도를 상하이라는 무한한 가능성을 가진 도시에 집중해 놓은 느낌이었습니다.

신선한 충격은 머지않아 첫 수업 시간에서 더 느낄 수 있었습니다. 강의실에 처음 들어서는 순간 지금 미국에 있는지, 중국에 있는지 혼란스러울 정도로 많은 외국인들이 있었고, 더욱 경악할 만한 것은 제가 유일한 한국인이라는 것이었습니다. 처음 낯선 환경에 직면하면 이질감을 느낄 수도 있습니다. 하지만 여기에서 만난 외국인들은, 제가 한국에서 왔다고 하니 너도나도 "한국에 가 본 적이 있다", "한국 드라마, 음악을 좋아한다"는 등 상당한 호감을 보여 줘 금방 친해질 수 있었습니다.

이곳에서의 수업은 100% 영어로 이루어집니다. 한국에서의 영어 수업은 학생들의 이해를 돕기 위해 적당히 한국어를 섞어서 진행되곤 합니다. 하지만 이곳에서는 다양한 국적의 학생들을 공통적으로 이해시킬 수 있는 언어가 영어이기 때문에 영어 이외의 다른 언어는 사용하지 않습니다. 교수님들 또한 영어권 나라에서 오신 분들이 대부분이기 때문에 수업 시간에는 모든 신경을 귀로 집중시켜야만 합니다. 이 점 또한 한국에서는 접할 수 없었던 신선한 경험 중 하나였습니다. 이를 고려할 때 어학연수를 해 본 적이 있거나 어느 정도의 영어 실력을 갖춘 사람이라면, 상하이에서 단순한 일상생활 위주의 영어 수준에서 벗어나 훨씬 고급 수준의 영어를 자연스럽게 공부할 수 있는 기회도 되리라 생각합니다.

한편 수업 진행도 한국과 다릅니다. 우선 가장 큰 차이는 교수님과 학생들, 그리고 학생들과 학생들 간의 끊임없는 소통입니다. 교수님과 학생들 사이에 거리감이 없기 때문에 교수님이 말

씀하시는 중에도 활기차게 학생들의 '치고 들어오는' 질문이 많습니다. 그러면 교수님들은 이에 대해 답변해 주시는데요, 이런 식으로 이곳에서는 일방적인 정보 주입보다는 쌍방향적 소통 위주로 수업이 진행됩니다. 그뿐만 아니라 수업 중간에 학생들끼리 그룹을 이루어 토론하는 시간도 주어지는데 이를 통해 학생들은 의문점을 공유하며 서로 도와주기도 합니다. 이러한 수업 문화의 차이가 수업의 이해도를 더욱 높여 준다고 생각합니다.

그 외에도 한국에서는 접할 수 없었던 다양한 경험들로 인해 이곳에서의 생활은 신선한 충격의 연속입니다. 그 덕에 저는 그동안에는 몰랐던 우물 밖의 또 다른, 훨씬 더 넓은 세계를 제 몸으로 직접 인식하게 되었습니다. 우리 바로 옆에 이러한 글로벌 세상이 있을 줄을 어떻게 알았겠습니까! 하지만 이제라도 알게 되었으니 너무나 다행이라고 생각합니다.

위대한 이들은 목적을 갖고,
그 외의 사람들은 소원을 갖는다.

워싱턴 어빙 Washington Irving

칼럼

미래를 리드하려면, '아시아 전문가'가 되자

아시아 전문가는 곧 한중일 전문가

　미래학의 대가이자 유럽의 대표적인 지성으로 손꼽히는 자크 아탈리Jacques Attali 플래닛 파이낸스Planet Finance 회장은, 향후 10년을 전 세계의 권력 구도가 아시아로 전이되는 역사적 분기점으로 전망했다. "아시아 지역은 아직까지 내부 문제가 적지 않지만, 양적인 측면에서는 이미 서구 사회를 초과하였고, 질적인 측면에서도 급속히 미국을 따라잡고 있다"면서 "성숙한 시민 의식과 고효율의 노동 문화 등이 정착되면 아시아 지역은 더 막강한 영향력을 지니게 될 것"이라는 것이다. IMF는 이를 뒷받침이라도 하려는 듯, 이미 2010년 보고서를 통해 "2030년에는 아시아의 1인당 국내총생산이 G7을 능가할 것"이라고 전망했다.

가까운 장래에 아시아의 시대가 도래할 것이라는 전망은 더이상 새로운 화제가 아니다. 이러한 상황에서 '아시아 전문가'가 된다는 것은 글로벌 세계를 주도하겠다는 것과 같다. 이를 고려할 때, 미래 세계를 품기 위한 첫걸음으로 '아시아 전문가'의 길을 지향하는 것은 탁월한 선택이다.

이와 관련, 현대경제연구원의 〈글로벌 2020 트렌드〉라는 보고서는, "2020년쯤이면, 한중일 3개국이 세계 최대의 경제권으로 부상할 것"이라고 전망했다. 동 보고서는, 먼저 2020년경이면 정치 외교 분야에서 한중일 3개국이 세계를 주도하는 동북아 전성기를 이끄는 시대가 도래할 것이라고 예측했다. 그러면서 "한중일 3개국은 경제 통합으로 지역공동체를 만들어 세계 경제 성장을 주도할 것"이라며 "이들 3개국의 국내총생산을 합치면 유럽은 물론 미국을 제치게 되고 세계 자본 시장에서 가장 큰 비중을 차지할 것"이라고 전망했다. 또한 자유무역협정으로 동북아 역내 무역이 3개국 전체 무역에서 70%를 차지하면서 세계에서 가장 영향력이 센 경제권이 형성될 것이라고 전망하고 있기도 하다. 이를 고려할 때, 아시아 전문가는 곧 한중일 전문가라 해도 과언은 아닐 듯하다. 한중일 전문가를 지향하는 것은 미래를 위한 훌륭한 투자가 될 것이다.

실제로, 중국과 일본이 단지 아시아 지역에 국한되는 '지역 대국'만이 아님은 더 언급할 필요가 없을 것이다. 그뿐만 아니라, 우리 또한 "2050년의 한국은 1인당 국내총생산이 세계 제2위로 될 것(골드만삭스)", "한국은 2020년까지 세계 최고의 과학 선진국이 될 것(미국 랜드연구소)" 등과 같은 전망을 받는 등 결코 무시할 수 없는 중견 강국이다. 국민총생산 측면에서 볼 때도, 2014년 한중일 3개국의 경제 규모는 이미 9조 달러를 넘어 세계 전체의 18% 정도를 차지하고 있다. 무역 규모 또한 세계 전체의 17% 정도를 점하고 있으며 이 가운데 한중일 3국 간의 역내 거래 비율은 이미 27%를 넘어섰다. 이렇듯 명칭상으로는 '한중일 전문가'라고 하지만, 아시아 역내에서의 이들 3개국의 위상과 영향력 등을 감안할 때, 한중일 전문가가 단지 한중일 전문가에 국한되는 것이 아니라는 점은 잘 알 수 있을 것이다. 이를 고려하더라도 이들 3개국을 토대로 하는 한중일 전문가가 되어서 아시아로, 더 나아가 전 세계를 향해 힘차게 웅비해 나가라고 적극 권장하고 싶다.

한편, 한국은 다음과 같은 여러 가지 요인을 고려할 때, 한중일 전문가를 지향함에 있어 상대적으로 유리한 입장에 놓여 있다. 먼저, '지정학적 측면'에서 기인하는 다양한 요소들은 우리들로 하여금 중일 양국을 효과적으로 중계하고 활용할 수 있도록 해준다. 더 말할 필요도 없이, 중국과 일본 사이에 위치한 우리는 양국을 중계하고 조율하는 데 유리하기 때문이다.

다음으로, 우리의 '중간적 성향' 또한 중일 양국을 보다 효율적으로 파악하고 다가가는 데 유리하다. 한반도라는 양국의 중간 지역에 위치한 지정학적 영향도 받아 우리들의 일반적인 기질은 중국인과 일본인의 중간 정도에 해당하는 부분이 적지 않은 것 같다. 예를 들면, 중국인들보다는 더 꼼꼼하고 섬세한 반면, 일본인들보다는 더 호탕하고 진취적인 측면이 있는 등 말이다. 이에 착안하여, 양 극에 위치하여 서로 '많이' 다른 중일 양국 사람들을 우리가 중간에서 조정하고 중계하는 가운데 한중일 3국의 상생을 추구해 나갈 수 있다. 그 속에서 중일 양국을 최대한 활용하여 개인적 측면에서의 성공도 이룩해 나갈 수 있다.

그뿐만 아니라, 중일 양국 사이의 '좋지 못한 감정' 또한 우리에게 한중일 3국을 주도하도록 하는 유리한 입장을 제공해 주고 있다. 사실 중일 양국은 이미 7~8세기부터 대립 관계를 이뤄 왔다. 그러다가 현대사 초입에 들어 일본이 중국 대륙을 침략하며 더 좋지 않게 되었다. 그것이 20세기에는, 중일 양국의 커다란 국력 차이 등으로 인해 표면화되지 못했다. 하지만 최근에는 중국의 급격한 부상으로 인해 그동안 표면화되지 못했던 앙금까지 더해지며 서로에 대한 민심 또한 전례 없이 좋지 않게 되었다. 이에 비해, 중일 양국 민심은 우리에 대해서는 이렇다 할 경계심이나 적개심 등을 갖고 있지 않다. 오히려 양국 사이가 나빠지면 나빠질수록 우리를 자신들 곁에 가까이 두고자 우리에 대한 공을 더 들이게 된다. 그 속에서 우리만의 다양한 기회를 활용해 나가자는 것이다.

이처럼, 비록 우리의 국력은 중일 양국에 비해서는 작지만, 우리를 둘러싼 다양한 요소들을 고려할 때, 한중일 전문가의 길은 우리에게 가장 유리하다. 이를 토대로 한중일 전문가가 되어 우리보다 더 큰 이 두 나라를, 이 두 매력적인 시장을 적극 석권해 나가는 것이다. 어떤가? 한중일 전문가에 대한 이와 같은 전망, 멋지지 않은가? 바로 이러한 비전과 전망 등으로 인해 전 세계에서 온 촉망받는 젊은 인재들 또한 '한중일의 비교' 등과 같은 나의 과목에 적지 않은 관심을 갖고 수강하고 있는 것이다.

중국, 우주 저편에 있는 나라가 아니다

2013년 12월, 주중 한국대사관이 중국 인터넷 포털사이트 왕이網易를 통해 '최근 당신의 눈에 비친 한국은?'을 주제로 중국인 8,472명을 대상으로 설문조사를 진행하였다. 그 결과, 중국인 2명 중 1명은 한국에 대해 비교적 긍정적인 인상을 갖고 있으며 현재의 한중 관계에 대해서도 좋게 인식하는 것으로 나타났다. 조사 결과를 좀 더 구체적으로 보면, 한국에 대한 전반적 인상을 묻는 항목에 대해 '아주 좋아한다(26.6%)', '비교적 좋아한다(29%)' 등 55.6%가 긍정적으로 대답했다. 현재의 한중 관계와 관련해서는 45.9%가 '좋다' 혹은 '비교적 좋다'고 대답했고, '일반적'이라는 응답률은 47.8%였다. 이에 더해, 미래의 한중 관계는 61.3%가 '지금보다 나아질 것'이라고 전망했고 '나빠질 것'이라는 대답은 5.6%에 불과했다.

실제로, 오늘날의 중국은 경제적으로도 우리의 '보물단지'와도 같이 변모되고 있다. 현재의 중국 시장은 마치 한국 기업과 한국 제품을 위한 '독무대'요 '특판장'처럼 되고 있다는 느낌이 들 만큼 우리에게 유리하게 바뀌고 있다. 중국에서 이미 정착된 한류와 전례 없는 한중 양국의 밀월기라는 정치적 훈풍마저 더해지며 중국 소비자들이 우리 제품을 점점 더 환영하고 있기 때문이다. 이에 비해, 그동안 중국 시장에서 '절대 강자'와도 같은 위상을 지녔던 미일 양국의 제품은 중국과 미일 양국의 정치적 대립이 격화되면서 중국 소비자들의 '애국 소비' 장벽에 부딪히며 고전하고 있다. 그러는 가운데, 2013년 7월에는 우리의 대중 수출이 사상 처음으로 일본을 제치고 1위를 차지하기도 했다.

그렇다면 우리에게 중국과 중국인에 대한 이미지는 과연 어떨까?

"어? 이건 내가 생각해 온 중국이 아닌데…?"

"뭐야 이거, 중국이 이럴 줄 몰랐는데…."

"이건 정말 너무 심각한 것 같다. 이토록 가까이에 있는 중국에 대해 어쩌면 이렇게도 실제 모습과 다르게 오인하고 있었을까."

중국을 찾아 직접 둘러본 우리나라 사람들 대부분의 반응이 이렇다. 한국에서는 온통 짝퉁, 위생 불량, 장기 매매, 불안한 치안 그리고 불친절하고 거친 사람들 등과 같은 이미지로 인식해 온 중국인데, 직접 와서 보니 그렇지도 않다며 고개를 갸우뚱거리는 것이다. 그런데 그 깨달음에 걸리는 시간이 그리 길지도 않다. 2~3일 정도만 상하이 등지에 머물러 보면 한국에서 매스컴 등을 통해 '간접적으로' 인식해 온 중국에 대한 이미지가 현실과는 상당히 동떨어진 것이었음을 깨닫게 되기 때문이다.

중국에 대한 우리 사회의 지나치게 치우쳐진 인식은 매우 안타깝다. 우리 사회에서는, 후진적이며 낙후된 '19세기 모습'과 발전적이며 미래적인 '21세기 모습'이 공존하고 있는 중국에 대해 전자의 이미지만 지나칠 정도로 부각되고 있다. 이로 인해, 재중 외국인들도 부러워하는 중국에 대한 우리만의 독보적인 기회조차 자각하지 못한 채 중국과 중국인을 지탄하고 비난하며 제대로 다가가질 못하고 있다. 그런데 중국에 대해 굳이 이런 식으로 낙후되고 부정적인 측면을 주로 떠올리고 비웃음으로써 우리에게 도움이 되는 것이 과연 무엇일까?

우리는, 우리 머릿속의 '허상 중국'에서 벗어나 실제 현실 속의 '실상 중국'을 정확하게 인식해야 한다. 실제 존재하고 있는 중국과 우리가 잘못 인식하고 있는 두 개의 중국 사이에 엄청난 차이가 나는 '차이나 현상'에서 벗어나야 한다. 비행기로 채 2시간도 안 되는 거리에 있는 중국에 대해 선입견과 편견 등에 사로잡힌 채 현실 속의 중국을 있는 그대로 바라보지 못하고 있는 그 안타까움에서 이제는 빠져나올 필요가 있는 것이다. 아는 만큼 보인다고 했다. 그런데 아는 것도 중요하지만, 제대로 알아야 제대로 활용할 수 있다. 이제는 우리에게 제대로 된 '지피'와 제대로 된 '지기'가 필요한 것이다.

중국 속 외국인, 그들은 왜 우리를 부러워하나

나는 중국 동화대학교 국제학부에서 외국인 유학생을 대상으로 '한국 개론', '한중일 비교' 등의 과목을 강의한다. 내가 소속된 중국 동화대학교는 중국 내 상위 2% 전후의 국립 대학교로 중국의 미래요, 세계 경제의 중핵이라 일컬어지는 상하이 시의 중심 부근에 위치해 있다. 그러다 보니, 전 세계 140여 개국으로부터 4,300여 명의 청년들이 유학을 와서 2만 5,000여 명의 중국인들과 하나가 되어 어울리는 가운데 저마다 미래를 다져 나가는 '글로벌 세계'의 축약이요, 글로벌 미래 세대들의 '요람'이라 불리기도 한다.

이들 전 세계 각지에서 온 미래 세대들의 배경은 '워매!' 하는 감탄사가 나올 만큼 실로 엄청나다. 예를 들면, 내 제자 가운데 아프리카에서 온 한 친구는 삼촌이 그 나라 수상이며, 동남아에서 온 한 친구는 할아버지가 그 나라 전직 대통령이고, 동남아에서 온 또 다른 친구는 이모가 그 나라의 현직 국회의장이기도 하다. 그 외에 장차관이나 고위 정치인 가문의 청년들 또한 적지 않으며, 경제적으로도 그 나라에서 내로라하는 재벌이나 중견기업의 자제들이 적지 않다. 그야말로 이들은 아무것도 남부러울 것이 없는 명문가 출신의 전도유망한 청년들인 것이다.

그런데 이들 청년들은 우리 한국과 한국인이 부럽다고 한다. 우리를 부러워한다고? 어느 것 하나 부러울 것이 없어 보이는 이들이 우리를 부러워하는 이유는 과연 무엇일까? 중국 속에서 잘나가는 한류와 케이팝 때문일까?

아니다. 그 이유는 다소 황당하지만, 중국을 비행기로 2시간도 안 되는 가까운 거리에 두고 있기 때문이란다. 중국과 가까이 있기 때문에 우리를 부러워한다고?

사실, 나 또한 처음에는 그 이유에 기가 막힐 뿐이었다. 아니, 그러한 반응은 나만의 것은 아닐 것이다. 실제로 일반적인 우리나라 사람들 가운데 중국이 우리와 가까이 있어서 좋다고 생각하는 사람이 과연 얼마나 될까? 역사적으로도 수백 번 이상을 침략당했고, 6·25전쟁 때도 우리와 총부리를 겨눴던 나라가 아닌가. 그러한 중국과 이웃하고 있기 때문에 우리가 부러움의 대상이 되고 있다니, 이 얼마나 어처구니없는 일인가! 그런데 이러한 반응과는 상관없이, 오히려 그들은 한마디 더 덧붙였다. "게다가, 세계 제3위의 경제 대국인 일본 또한 비행기로 2시간도 안 걸리는 또 다른 곳에 두고 있으니 이 얼마나 부럽지 않을 수 있겠어요."

이들의 이러한 모습을 보고 처음에는 동북아의 복잡다단한 과거를 잘 모르니까 그러려니 했다. 하지만 얼마 후 갑자기 뭔가에 의해 뒤통수를 얻어맞은 듯한 느낌이 들었다. '아니, 가만있어보자. 이 친구들이 우리를 부러워하는 것은 서로 싸우고 대립했던 과거와는 무관하게 오로지 현재와 미래라는 측면에서 그렇게 생각하는 것이 아닌가.'

사실, 글로벌 각지로부터 '세계 최대의 시장'으로 성장 중인 중국으로 건너가 생활하고 있는 그들은 한중일 3국 사이의 복잡다단했던 과거에는 전혀 관심이 없다. 그들은 오로지 현재와 미래라는 측면에서 우리를 부러워한다. 예를 들면, 지구촌 저편의 아프리카나 우리와 정반대편에 위치한 남미 출신의 그들이 중국으로 가기 위해선 2박 3일, 심지어는 3박 4일도 불사해야 한다. 직항편이 없는 탓에 먼저 이웃나라로 가서 기다리고 기다렸다가 겨우 중국행 항공기에 탑승해야 하는 등 실로 쉽지 않은 여정이기 때문이다. 게다가 어렵사리 온 중국이지만, 쓰기는커녕 그리기조차 쉽지 않은 중국어라는 장벽과 매우 이질적인 중국의 전통문화라는 또 다른 장벽을 마주해야 한다.

이에 비해 우리는 어떤가? 먼저, 그들이 그렇게 어렵게 다가선 중국의 주요 도시들과는 KTX로 서울에서 부산 가는 시간보다 덜 걸릴 정도로 가깝다. 중국어를 비롯한 전통문화 등에도 동일한 한자와 유교를 토대로 하고 있어서 그 어느 누구보다도 손쉽게 다가갈 수 있다. 실제로 중국어만 해도 그렇다. 다른 외국인들은 한자의 그 많은 획수로 인해 "생각만 해도 머리가 아프다", "밤에 가위눌리듯이 중국어에 눌렸다"며 진절머리를 내는데 비해 우리는 어떤가? 전혀 중국어를 배운 적이 없는 사람도 학교에서 배운 한자 실력을 토대로 무슨 뜻인지 대충은 알 수 있지 않은가? 이렇듯 우리는 중국어 학습에 있어서도 처음부터 어느 정도는 유리한 입장에서 시작할 수 있다. 재중 외국인들이 부러워하는 것처럼, 한국인들은 타의 추종을 불허하는 이와 같은 좋은 요소들을 잘 활용한다면 중국은 그야말로 한국의 보물단지이다.

부정적으로 생각하면 부정적인 것만 더 부각되고 그렇게 되면 그 상대와의 관계 또한 그만큼 더 부정적으로 되기 싶다. 우리를 부러워하는 그들의 모습은 우리로 하여금 그동안 우리가 간과해 온 중요한 사실을 되돌아보게 한다. 다름 아닌, 우리는 그동안 과거에 너무 사로잡힌 나머지 남들이 부러워 마지않는 우리만의 독보적인 기회조차 깨닫지 못하고 있었던 것이다.

21세기 중국에 대한 우리의 시각은 과연 어떤가? 중국 하면 아직도 오랜 역사 속의 공자나 맹자, 역대 황제들에 의한 한반도 침략, 급격한 경제 성장과 그로 인한 군사적 위협 등과 같은 것들이 떠오르지 않는가? 그렇다면 그러한 단편적 이미지로 오늘날의 중국에 과연 얼마나 온전하게 다가가고 접할 수 있을까? 안타깝고 또 너무 아깝다. 우리는 중국에 대한 인식을 업데이트하고 보다 업그레이드할 필요가 있다. 전 세계 각국 사람들이 부러워하는 그 중국을 우리가 더욱 멋지게 활용하기 위해서도, 우리는 먼저 21세기 중국에 대한 우리의 인식을 보다 더 정확하게 바로잡아야 한다.

2개의 '수치 중국'과 '차이나' 현상

앞에서도 언급했지만, 여러분은 '중국' 하면 가장 먼저 어떤 이미지를 떠올리는가? 달리 말해, '중국' 하면 거의 반사적으로 떠오르는 것이 긍정적 이미지인가, 부정적 이미지인가? 아마도 많은 사람들이 후자가 아닐까? 짝퉁이 판치는 곳, 음식 가지고 장난치는 곳, 교통질서나 공공의식이 형편없는 곳, 의식수준이 낮은 곳 등과 같은 부정적 이미지가 훨씬 더 강하지 않을까?

유감스럽지만, 중국에 대해 우리 사회에 만연한 '2개의 수치 중국'

이미지는 정말 심각하다. 여기서 말하는 2개의 수치 중국이란 '숫자 중국'과 '엽기 중국'이다. 먼저 '숫자 중국'이란, 예를 들면, 중국은 '세계 최대의 인구 대국', '세계 최대의 외환 보유국', '세계 제2위의 경제 대국' 등과 같이 주로 거시경제 '숫자' 측면에서 나타나는 중국을 의미한다. '엽기 중국'이란, 예를 들면, 중국은 '짝퉁 천국', '위생 불량', '엽기스러운 현상 천국' 등과 같이, 국적과 무관하게 건전한 양식과 교양을 지닌 사람이라면 누구나 다 창피하고 수치스럽게 여길 엽기스러운 중국을 의미한다. 그런데 2개의 수치 중국이라 하지만 우리 뇌리에 먼저 떠오르는 것은 사실상 '엽기 중국'의 이미지가 아닐까. 거시 경제적 '숫자 중국'의 이미지는 우리 일반인들의 일상생활과는 아무래도 거리가 있기 때문이다.

한편, 중국에 대한 우리 사회의 이와 같은 부정적 인식은, 유학이건 비즈니스건 막상 중국에 오게 되면 달라진다.

그렇다면 중국에 온 우리나라 사람들은 왜 갑자기 중국을 달리 보며 어리둥절해 하는 것일까? 이는 우리 사회의 '차이나 현상'에서 기인하는 것 같다. 중국에 대해 한국 사회에서 바라보는 인식과 중국 현지에서 바라보는 인식 사이에 엄청난 '차이가 나는', 중국 인식에 대한 '차이나 현상' 때문이다. 중국은 19세기와 21세기가 공존하는 곳이라 할 만하다. 그러한 중국에 대해, 주로 낙후되고 후진적이며 부정적인 과거적 모습에만 사로잡힌 채, 긍정적이며 우리도 벤치마킹 할만한 발전적 모습은 간과함으로써 중국을 균형 잡힌 시각으로 바라보지 못하고 있다.

이에 더해 우리 사회에는 한중 양국의 과거에서 비롯된 중국에 대한 고정관념과 선입견 또한 의연하기만 하다. 역사적으로 우리 한반도는 중국 대륙으로부터 수백 번 이상의 침략을 받았으며 불과 수십 년 전만 해도 중국은 북한을 도와 우리에게 총부리를 겨누지 않았던가. 바로 이와 같이 암울했던 양국의 과거로 인해 아직도 우리는 중국에 대해 강한 경계와 위협의 자세를 내면 깊이 간직하고 있는 것이다.

온갖 긍정적, 부정적 현상이 공존하는 우주 삼라만상과도 같은 중국에 대한 우리의 관점은 냉철하게 성찰될 필요가 있다. 중국에는 '짝퉁이 범람하고, 장기 매매가 이뤄지고, 음식 가지고 장난치는' 과거적이고 후진적인 모습이 있는 것이 맞다. 이와 같이 한심하고 엽기적인 모습들도 모두 중국의 부정할 수 없는 현상이다. 하지만, 이와 동시에 잊지 말아야 할 것은, '19세기와 21세기가 공존하는 중국'이라는 점이다. 다시 말해, 중국에는 그러한 부정적 모습도 존재하지만, 다른 한편으로는, 이 엄청난 인구에 광활한 영토, 그로 인한 복잡다단한 문제 속에서도 오늘날 세계가 주목하는 중국으로 성장하고 있는 결코 무시하거나 조소할 수 없는 긍정적 모습도 존재한다. 21세기 국제 경제를 지탱하는 현상도 다름 아닌 중국의 또 다른 모습임을 잊어서는 안 되는 것이다.

　마지막으로 중국에 대한 우리의 선입견과 편견은 미래 세대들을 위해서도 조속히 바로잡혀야 한다. 우리 청년들 또한 기성세대들의 치우친 인식의 영향을 그대로 받아 중국을 부정적으로 바라보고 있다. 그 결과, 그들의 생존과 번영에 있어서 더더욱 밀접하게 될 그곳으로 적극 뛰어들어 활용하고자 하기보다는 비웃음과 마음의 장벽 쌓기 등에서 빠져나오지 못하고 있다. 그런데 다시 한 번 묻고 싶다. 우리 사회와 우리의 미래들이 중국에 대해 이와 같은 자세를 지님으로써 우리가 얻을 수 있는 것은 과연 무엇일까?

　이 모든 것을 고려하더라도 우리 사회의 '차이나 현상'은 시급히 개선되어야 한다.

중국 취업은
글로벌 취업

02

기회를 찾아야 기회를 만든다.

패티 헨슨 Patty Hansen

중국 취업,
대륙의 크기만큼 무궁무진하다

한국인 인재,
없어서 난리다

　지난 5년 동안 우리 사회의 청년 일자리는 36만 개나 사라졌고 청년들의 경제활동 참여비율도 27년 만에 최저 수준으로 떨어졌다고 한다. 이러한 어두운 소식은 상하이에서 우리나라 사람들의 중국 취업 등을 지원해 오는 가운데 그 기회가 점점 더 많아지고 있음을 느끼고 있는 입장에서 볼 때 더욱 안타깝다.

　나는 2005년부터 세계 경제의 핵심이라 일컬어지는 중국 상하이에서 우리 정부의 '국비 지원 해외 취업 프로그램' 등을 총괄해 왔다. 이 과정에서 그동안 약 1,400여 명의 우리나라 사람들을 맞이하여 중국 취업 및 창업 등을 지원하는 가운데 '글로벌진출 전문가'라는 애칭도 얻게 되었다. 그뿐만 아니라, 그와 관련된 국내외 강연과 더불어 관련 도서도 출간한 바 있다.

그런데 이처럼 해외에서 글로벌 진출 관련 일을 하다 보니, 우리 사회의 '일자리 문제'는 어쩌면 21세기 한반도의 후예들인 우리들을 향한 시대적 메시지일지 모른다는 생각도 든다. 우리 모두가 열심히 살아오다 보니 역량이 크게 증대되었고, 그 결과 한반도는 그러한 우리를 모두 수용할 수 없게 되었다. 그럼에도 불구하고 우리는 이를 깨닫지 못하고 아직도 우리의 터전을 한반도로만 국한하고 있다. 일자리 문제는 이와 같은 간극 사이에서 비롯된 것일 수도 있다. 이제 터전 개념을 한반도뿐만 아니라 글로벌로 확장시켜 적극 개척하고 일궈 나갈 필요가 있다.

때마침 글로벌 각지로 진출하는 기업들은 계속 늘어나고 있다. 이는 곧, 이러한 글로벌 진출 기업들에서 일할 기회 또한 그만큼 더 증가함을 의미하는 것이기도 하다. 그 속에서 중국은 전세계 기업들의 블랙홀과도 같은 역할을 하며 세계 각국 기업들을 속속 빨아들이고 있다. 이에 따라 중국 취업의 기회 역시 그만큼 더 늘어만 가고 있다.

실제로 중국에서 우리 한국인의 취업 전망은 밝다. 먼저, 중국에 진출한 한국 기업들에서의 취업 기회만 해도 그렇다. 거대한 중국 시장을 염두에 두고 진출한 중국에서 그들은 한국인 인재난을 호소하고 있다. 동일한 문화와 사고방식 속에서 '일을 알아서 척척 해주는' 한국인 인재가 절실한 것이다. 더욱이 관습과 문화 등을 달리하는 중국인 직원들과의 사이에서 허리와 같은 역할을 해 줄 수 있는 이심전심이 통하는 한국인 인재는 반드시 필요하다. 그렇기 때문에 어느 정도의 중국어 실력을 지닌 진취적인 사람이라면, 기업들이 서로 모시고 가려 하는 것이다. 그뿐만 아니라 한국과의 비즈니스를 포함하여 글로벌 비즈니스를 담당할 인재를 원하는 재중 외국 기업들도 남다르게 성실하며 책임감 강한 한국인 인재를 선호한다. 그 덕에 한국에서는 입사하기가 쉽지 않은 다국적 기업이지만, 중국에 진출한 다국적 기업으로의 입사는 한국에서 만큼 어렵지는 않다.

이처럼, 한국인 인재에 대한 수요는 늘어나고 있는 반면 그 공급은 아직 부족하기만 하다. 이로 인해, 열정적인 한국인을 추천해 달라는 요청이 이어지는 것이다. 이와 같은 한국인 구인 요청은 앞으로도 상당 기간 더해져 갈 것이라 생각된다. 현재 중국에서는 일반적으로 우리 한국, 한국인에 대한 인식이 좋다. 그뿐만 아니라 그러한 호감은 한류 등의 덕에 계속해서 더해만 가고 있는데 그럴수록 우리와의 비즈니스 혹은 우리와 관련된 비즈니스 역시 그만큼 더 늘어갈 것이다. 그리고 그 속에서 한국인 인재의 수요 또한 더더욱 증가될 것이다.

한편, 상하이를 토대로 수년간 전개해 온 중국 취업 지원 경험에 입각할 때, 중국 취업 희망자들은 재중 한국 기업을 우선적으로 생각해 보는 것도 좋다. 그 이유는, 업무 능력 향상이 상대적으로 용이하기 때문이다. 많은 것이 다르고 이질적인 외국계 기업에서는 아무래도 그들의 생활 습관이나 조직 문화 등에 적응하는 데 적잖은 시간이 소요된다. 그러다 보면, 업무 그 자체보다는 그와 같은 주변 문제 등에 더 많은 에너지를 소비하기 십상이다.

이와 같은 한국인 인재 수요에 대한 효율적이며 체계적인 지원을 위해서는 정부 차원에서의 글로벌 진출 지원 노력 또한 보다 더 체계적으로 이뤄져야 한다. 이와 관련, 글로벌진출전문가로서의 경험을 토대로 우리 정부의 글로벌 진출 지원 정책에 대해 다음과 같은 사항도 고려해 줄 것을 제안하고자 한다.

현재, 중국 취업을 포함한 글로벌 취업에 나서고자 하는 사람의 수는 증가하고 있다. 그럼에도 불구하고 정작 글로벌 현장에는 이를 위한 체계적인 지원 시스템이 전무하다. 그렇기 때문에, 예를 들면 중국만 해도, 중국 취업 희망자들은 중국 현지에서 억울한 일을 겪는 경우도 적지 않다. 이를 고려할 때, 우선 중국 각지에 있는 우리 공관들로 하여금 중국 진출의 '현지 컨트롤 타워'와도 같은 역할을 부여하는 것은 어떨까. 이런 컨트롤 타워를 중심축으로 체계적인 현장 지원 시스템을 중국 각지에 구축한 뒤, 이를 중국 각지의 다양한 유관 기구 및 단체 등과도 유기적으로 네트워킹함으로써 중국 진출 희망자들에게 보다 더 실질적인 도움을 주도록 하는 것이다. 이에 더해 정부는 차제에 글로벌 진출과 관련된 독립 기구나 부처의 신설도 검토할 필요가 있다. 가칭 '글로벌진출부'나 혹은 그 전 단계로서 '대통령 직속 글로벌진출위원회' 등을 신설함으로써 글로벌 터전을 본격적으로 일궈 나가도록 지원하는 것이다.

변화란 단순히 과거의 습관을 버리는
것이 아니다.
과거의 습관 대신 새로운
습관을 익히는 것이다.

켄 블랜차드 Ken Blanchard

성공적인
중국 취업을 위한 전략

기업이 나를 활용하듯
나도 기업을 활용하자

글로벌 취업에 대한 관심이 늘어나면서 이에 대한 구체적 방법이나 유의사항 등을 질문하는 사람들도 늘어나고 있다. 이에, 중국에서의 그동안의 관련 경험 등을 토대로 성공적인 중국 취업을 위한 몇 가지 유의사항 등에 대해 밝히면 다음과 같다.

먼저, 한국에서의 취업도 마찬가지겠지만, 중국 취업을 위해서는 무엇보다도 자기 자신을 현실적으로 파악할 필요가 있다. 자신의 능력은 객관적으로 고려하지 않고 기업의 규모나 조건 등에만 연연하는 사람들이 적지 않기 때문이다. 이들에게 "눈높

이를 낮춰라!"보다는 "자신을 먼저 파악하라!"라는 충고를 해주고 싶다. 직장을 구하는 구직자가 아닌, 인재를 구하는 구인 회사의 입장이 되어보라고 권하고 싶다. 다시 말해, 내가 기업의 CEO나 인사담당자라면, 과연 현재의 내가 바라는 조건대로 나를 선뜻 채용할 것인지 냉정하게 생각해 보자는 것이다. 중국 취업의 최대 장애는 다름 아닌 나 자신에서 비롯된다는 점을 명심하자.

K 군은 다부진 꿈을 꾸고 있었다. '아직도 개발 및 발전의 여지가 무궁무진한 중국이니만큼 직장 생활을 멋지게 해서 궁극적으로는 나의 거대한 기업을 일구고 말겠다'는 것이다. 그의 이러한 꿈은 중국 대륙의 개발 및 발전 상황 등을 고려할 때 전혀 허황된 것만은 아니다. 현재 국제경제계의 큰손으로 불리고 있는 중국의 거대 그룹들의 대부분이 1978년 개혁개방 이후 비롯된, 말하자면 30여 년밖에 되지 않은 신생기업들이며 지금도 중국 전역에서 개천에서 용 나듯 다양한 기업들이 속속 잉태되고 있음을 고려하면 더더욱 그렇게 여겨진다. 하지만 그의 커다란 포부와는 달리 그의 현실은 안타깝기만 했다.

"A 기업은 임금이 너무 적고, B 기업은 회사 분위기가 좀 그렇고, C 기업은…" 하면서 그는 기업들에 대한 불평불만만 늘어놓

앉다. 그렇다고 K 군이 사회에서 널리 호평받을 만큼의 실력을 갖춘 것은 아니었다. 냉정하게 말할 때, 그러한 그를 선택할 기업이 과연 얼마나 될지가 염려되는 상황이었던 것이다. 그런데 K 군의 케이스는, 사실 그에게만 국한된 일은 아니다. 중국 현지에서 수년간에 걸쳐 우리 청년들의 취업을 지원하는 가운데 알게된 점은 꽤 많은 청년들이 K 군과 같이 자기 스스로를 제대로 객관화시키질 못한다는 것이다.

반면에 또 다른 K 군의 사례는 흐뭇하기만 하다. 그는 상하이에 있는 대부분의 클럽을 섭렵한 '클럽맨'이다. 그는 사고도 유연해서 취업과 관련해서는 '내숭맨'이 되었다. 마치 클럽이라는 곳을 전혀 모르는 사람처럼 진지한 자세로 임했던 것이다. 게다가 K 군은 "저는 잃을 것이라고는 아무것도 없습니다. 그렇기 때문에 무엇이든지 하기만 하면 그만큼 다 얻는 것입니다"라는 본인의 말을 통해서도 알 수 있듯이 겸손했고 또 적극적이었다. 그러다 보니 많은 사람들이 그를 좋아했다. 실제로 그의 주변에는 국적에 관계없이 항상 많은 사람들이 함께하고 있었다. 그 과정에서 K 군은 주변 사람들의 소개와 추천을 통해 한 기업에 입사하게 되었다. 현재 그는, 역량 있고 늠름한 글로벌 코리안의 한 사람으로서 중국에서의 사회생활을 멋지게 영위하고 있다.

두 번째로, 너무 순진해서는 안 된다. 즉, 기업에 너무 매달리지 말고 오히려 자신의 성장에 기업을 적극 활용하도록 사고를 유연하게 할 필요가 있다. 아직도 많은 사람들이 안정적으로 오래 있을 직장을 찾는다. 그런데 이는 오늘날과 같이 살벌한 사회의 현실을 제대로 파악하지 못하고 있는 것일 수도 있다. 생각해 보라. 오늘날 과연 얼마나 많은 기업이 직원의 평생을 보장해 주겠는가? 또한 안정만 믿고 오랜 시간 공들여 입사한다 해도 언제 어떤 식으로 해고될지 모르는 세상이 아니던가? 그러므로 너무 순진하게 생각하다가 다양한 기회를 놓친 뒤 나중에 후회하지 말고 오히려 작은 곳에서라도 '일단 사회와 일을 배우자'는 전향적인 자세를 취하도록 하자. 첫 직장에 뼈를 묻겠다는 기특한 생각도 좋지만, 기업이 직원을 활용하여 이윤을 남기듯이 기업을 활용하여 나의 가치를 키워 나가겠다는 전략적 사고도 필요하다.

그런데 중국 취업 실패 사례는, 이른바 '괜찮은 대학'이라 불리는 곳 출신자들로부터 더 많이 나타나는 것 같다. 아무래도 '내가 ○○대학 출신인데 말야, 이 기업에서도 합격했으니 좀 더 기다리다 보면 더 좋은 곳이 나타나겠지' 하는 기대 심리가 작용하기 때문인 것 같다. 하지만 상하이와 같은 글로벌 메트로폴리탄에서는 우리 사회의 고질적인 학력 따지기보다는 실제적인 실력을 훨씬 더 중시한다. 우리 사회의 명문대 출신들 중에는 안타깝게도 이와 같은 실질적인 글로벌 감각이 결여된 사람들이 적지 않은 것 같다.

이에 비해 출신 학교의 명성에 의존하지 않는 사람들은 훨씬 더 실사구시적인 성향이 강하다. "기업의 규모보다는 일단 사회를 먼저 배우고 싶습니다!"던 L 군이나 "실질적인 일은 중소기업에서 더 많이 배운다던데요"라던 J 양, 그리고 "어차피 저는 창업의 꿈이 있기 때문에 기업의 크기나 대우보다는 제 꿈과 관련된 일을 더 잘 익힐 수 있는 곳을 최우선으로 하고 싶습니다"라던 P 군 등과 같이, 외형보다는 내실을 기하려는 사람들이 훨씬 더 많았기 때문이다. 그리하여 P 군은 실제로 소규모 기업에 입사하여 사회생활을 익힘과 동시에 창업에 대해 꾸준히 준비한 뒤 2년 정도 지나 의류업 분야에서 창업에 나섰다. 그 결과 현재는 점포를 서너 개 거느린 어엿한 청년 CEO로 성장했을 뿐 아니라 그 여세를 몰아 유망한 다른 분야로도 비즈니스를 확대하고 있다.

다음으로, 중국 취업을 희망하는 청년들은 당면한 수입에 너무 연연하지 말도록 하자. 사실 청년기는 목전의 이익보다는 사회를 배우고 익히며 사회적 능력을 키우는 데 더 초점을 맞춰야

할 시기이다. 이와 관련, 중국식 취업 문화는 하나의 좋은 참고가 될 것 같다. 중국 청년들은 취업 후에 받게 될 당장의 대우에 그렇게 일희일비하지는 않는다. 그보다는 입사할 기업이 자신의 커리어 계발 등에 얼마나 도움이 될지 등에 대해 더 고려한다. 즉, 우선은 업무와 사회를 배우는 데 유리한 곳에서 사회생활을 시작하면서 자신의 능력과 가치를 끌어올리는 데 주력한다. 그리고 다음 단계로의 도약을 꾀하는데, 그러다 보니 중국 청년들은 사회생활 직후 1~2년 안에 자발적으로 이직하는 경우가 우리보다 훨씬 높은 특징을 가지고 있기도 하다.

이와 관련하여 상당히 대조되는 두 개의 사례를 소개하고 싶다. 먼저 S 양은 아직도 소탐대실 하면 떠오를 정도로 안타까운 사례의 주인공이다. 그녀는 "A 기업은 내 적성과도 맞는 것 같고 전망도 좋은 것 같다. 하지만 B 기업보다 연봉이 약 3,000위안(한화 약 50만 원) 정도 적은 것이 흠이다", "누구는 나보다 더 많은 대우를 받고 취업했는데 나는…" 등 당장의 수입에 발목이 잡혀 결국 좋은 기회를 놓쳤기 때문이다.

반면에 C 군은 사고부터가 남달랐다. 그는 "사실 사회에선 컴퓨터건 외국어건 무엇을 배우려면 학원 등에 가서 돈을 주고 배워야 하잖아요. 그런데 회사에서는 중요한 업무와 사회생활 등을 배울 수 있는데 돈을 주기는커녕 받지 않습니까. 내가 그 기업에 실제로 얼마나 도움이 될지도 모르는 상황에서도 말이죠. 그러니 이 얼마나 고맙지 않겠어요. 일 배우고 월급 받고!"라며 미소 짓는 매우 전향적인 사고의 소유자였다. 그런 그이다 보니, 초봉이나 복리 등에는 거의 아랑곳하지 않았다. "일단 부모님께 손 벌리지 않고 나 혼자라도 먹고살 정도만 받으면 되니까요!"라는 것이었다. 그리하여 20대 중후반에 왔던 그는, 2번 정도 스카우트되며 이력을 쌓다가, 지금은 처음과는 비교할 수도 없는 대우를 받으며 행복하게 지내고 있다.

네 번째로, 중국 취업이므로 중국어 실력은 중요하지 않을 수 없다. 그러면 과연 어느 정도 수준이 되어야 할까? 이와 관련, 중국 취업 희망자들의 대부분이 중국어를 최대의 장애 요인으로 생각하고 있는 것 같다. 하지만 기업들이 그렇게 높은 수준을 요구하는 것만은 아니다. 그도 그럴 것이, 중국에서 일하는 한국인들에게 기업들이 맡기는 것은 중국의 국내 업무가 아닌 한국을 비롯한 글로벌 세계와의 업무가 대부분이기 때문이다. 이로 인해, 중국어 실력은 업종이나 업무 등에 따라 다르겠지만, 일반적으로 일상적인 대화나 기본적인 업무를 함에 있어 큰 불편이 따르지 않을 정도의 실력이면 무난한 것으로 받아들인다.

그러면, 중국 취업은 중국어나 중국 관련 전공자만이 가능할까? 그렇지 않다. 중국어나 중국과 관련된 전공자는 아무래도 비전공자에 비해 유리하겠지만, 비전공자도 활발히 진출하고 있다. 또 기업에 따라서는 중국어 전공자보다는 중국어가 가능한 비전공자를 찾는 곳도 적지 않다.

N군은 취업을 위해 중국에 처음 올 때만 해도 중국어를 전혀 구사하지 못했다. 하지만 남달리 사교적인 성격 덕에 다른 연수생들보다 먼저 한국계 기업에 입사하였다. 입사 후 몇 개월 정도 지난 뒤 걱정스러운 마음에 "중국어가 잘 안 되는데, 어떻게 좀 고생하지는 않는가?"라고 물었는데 "우리 회사는 한국을 상대로 무역일을 하고 있기 때문에 문제없어요. 하지만 그래도 틈틈이 짬을 내어 공부해 왔기 때문에 지금은 중국어도 큰 문제가 되지 않습니다"라며 밝게 웃어 보였다.

K군도 중국어를 전혀 배운 적이 없었다. 그리하여 취업 연수 프로그램이 제공하는 중국어 입문반에서 중국어 공부에 몰두하고 있었다. 그러다가 한 다국적 기업으로부터 취업 제의를 받으

며 결국 그곳에 입사하게 되었다. 대학 재학 중에 영어권으로 어학연수를 다녀와 영어 실력이 어느 정도 되었기 때문이다. 그의 사례는 중국에서도 아직은 영어가 매우 중요하다는 점을 잘 보여준다. 실제로 중국어는 거의 못 하거나 잘 못하지만 영어 실력이 뛰어나서 취업한 사람들도 적지 않은 것이 사실이다. 중국에는, 특히 전 세계에서 다국적 기업의 본부가 가장 많이 몰려 있다는 상하이와 같은 대도시에는 다국적 기업 등으로의 진출의 기회가 우리나라와는 비교할 수 없을 정도로 많다. 그런데 상하이에서도 이들의 공용어는 다름 아닌 영어이기 때문에 영어 하나만으로도 취업하는 사람들이 적지 않은 것이다.

P 양과 J 군 또한 중국어를 그리 잘하는 편은 아니었다. 하지만 각각 중국 내 한국 기업과 중국 기업으로 취업하였다. 이에 대해 기업 측은 "중국 대학도 아닌 외국 대학 출신에게 상당한 수준의 중국어를 요구하는 것도 무리지 않겠는가. 중국어는 일단 일상생활이 가능할 정도면 무방하다. 우리에게 더 중요한 것은 중국어보다는 업무에 대한 책임감과 성실성이다"라고 들려주었다. 이후 그들은 중국인 직원들과 더불어 일을 하는 가운데 "중국어도 팍팍 늘고 있어요! 주위 동료들과 매일 사용하고 있으니 학원 등에서 공부하는 것보다 훨씬 더 효율적이에요!"라고 할 정도로

중국어 실력 또한 부쩍부쩍 늘었다.

다섯 번째 핵심 포인트로는 중국인들의 사고와 행동양식 등에 대한 충분한 이해를 들 수 있다. 이에 대해서는 새삼 더 강조할 필요가 없을 듯하다. 그 외에도 적극적인 자세와 일을 찾아서 하는 능동적인 태도 또한 매우 중요하다. 물론 이는 모든 직장에서 필요로 하는 공통의 덕목이다. 하지만, 광활한 영토에 이것저것 할 것이 매우 많은 중국에서는 지시사항에만 국한되지 않고 스스로 찾아서 진취적으로 일하는 사람들을 훨씬 더 선호하기 때문이다.

한편, 중국 취업자 중에는 안타깝게도 고배를 마시는 사람들도 적지 않다. 그런데, 지금까지의 경험에 비춰 볼 때 이들 중국 취업에 실패하는 사람들 사이에는 몇 가지 공통적인 특징이 있는 것 같다.

먼저, 근거 없는 자만심이다. 취업에 실패한 이들을 분석해 보면 공통적으로 자신감은 넘쳐 난다. 문제는 그 정도가 지나치다는 것이다. 자신의 능력을 객관적 근거 없이 과신한 나머지 눈높이만 높아져 자신의 현실을 도외시하는 것이다. 또한, 적지 않은 사람들이 중국 취업을 위해 왔으면서도 여전히 중국인을 비하하는 자세에서 벗어나지 못하고 있다. 이러한 그들이 현지에 제대로 적응하고 성공할 리 만무하지 않은가.

L군은 중국에 취업하러 왔는지, 중국을 비웃고 조롱하러 왔는지 도무지 알다가도 모를 친구였다. 입만 열었다 하면 "중국인들은 도대체⋯", "중국은 왜!?" 하며 성토하는 데 여념이 없었던 것이다. 그러면서 자만심은 하늘에 닿을 듯했다. 그런데 사실 그렇게 말하는 그조차도 변변히 내세울 것은 없었다. 이는 그 주위의 동료들도 모두 잘 알고 있었다.

그러한 그가 중국에 온 목적을 어떻게 잘 이뤄낼 수 있었겠는가. 과연, 어렵사리 추천하여 입사시켜 주었더니 얼마 안 있어 퇴사했다고 한다. 나중에 들어서 안 사실이지만, 중국인 동료들로부터 왕따를 당하며 지내다가 쫓겨나다시피 나온 것 같다는 것이다. 지금은 L군과 같은 안타까운 청년들이 줄어들고 있는 것 같아서 그나마 다행이다. 이와 관련, 지금 이 책을 보고 있는 당신은 과연 어떤가? 중국 진출을 꿈꾸고 있으면서도 중국과 중국인 하면 혹시 부정적이며 엽기적인 모습이 먼저 떠오르지는 않는지. 그러면서 비웃게 되지는 않는지.

중국 취업에 실패하는 또 하나의 공통점은 바로 무사안일한 태도이다. 한국을 떠나 새로운 땅을 찾아 왔으면 그만큼의 굳건한 각오를 가지고 임할 만도 하다. 그런데 의외로 많은 사람들이 '해보다가 아니다 싶으면 한국으로 가지 뭐'라는 자세를 지니고 있다. 한 발만 살짝 담그다시피 한 이런 사람들을, 세계 최대의 중국 시장에서 배수진을 친 채 총성 없는 전쟁을 하고 있는 기업들이 선뜻 채용하고 우대해 줄 리가 없다.

그 외에도 중국에서는, 유감스럽게도 여성의 취업률이 남성보다 낮은 편이다. 구두 세 켤레가 닳을 정도로 온통 헤집고 다녀야 비로소 성공의 문이 보인다는 넓디넓은 중국이다. 이곳을 감당하기엔 아무래도 여자보다 남자가 낫다는 고정관념이 남아 있는 것이다. 그러나 여자이지만 웬만한 남자 못지않게 적극적이고 행동파라면, 여성 특유의 섬세함도 겸비하고 있으므로 그만큼 더 유리한 고지를 점하는 것도 사실이다.

J 양과 K 양은 각각 중국계 기업과 한국계 기업에서 커리어 우먼으로 활약하고 있다. 그러한 그들은 취업하기 위해 온 다른 여성 지원자들과는 처음부터 사뭇 달랐다. 아, 물론 그렇다고 그들이 일반적인 여성들보다 모든 면에서 훨씬 더 뛰어났던 것은 아

니었다. K 양은 한국에서 원하는 대학으로의 진학에 실패하여 중국으로 왔고, J 양의 경우는 왜소한 체격에 중국에 온 처음에는 중국어 또한 거의 구사하지 못하는 상태였기 때문이다. 그러나 이 두 사람에게 공통된 점은 강한 정신력이었다. '한번 지내보다가 안 되면 귀국'이 아니라 '아예 중국에서 살 각오'라던가 '여기에서 안 되면 다른 곳에서도 안 될 것이다'라는 다부진 생각의 소유자였던 것이다. 그러다 보니, 과연 그녀들의 행동은 남달랐다. 그녀들 스스로 '중국 취업은 여성들에게 다소 불리하다'는 일반적인 편견을 불식시키기 위해서도 더 그랬는지 모르지만, 매사에 야무지고 적극적이었다. 그러한 그녀들을 쓸 만한 인재 채용에 목말라 있는 기업들이 가만히 두고 볼 리가 있겠는가. 그녀들은 스카우트 제의를 받고 이직도 하는 가운데 지속적으로 커리어를 쌓아 올리며 오늘도 중국 전역을 자신들의 무대마냥 누비며 다니고 있다.

중국 취업은 쉽지 않다. 하지만 전략을 잘 짜서 도전한다면 한국의 사회생활에서는 느낄 수 없는 다양한 매력을 느낄 수 있기도 하다. 특히, 중국은 한국에서와 달리 학연과 지연 등이 아닌 실력으로 승부할 수 있는 곳이다. 이는 실제로 중국 취업에 성공하여 다양한 분야에서 활약하고 있는 사람들이 이구동성으로 하는 이야기이다. 이를 고려하더라도, 중국에서의 가능성에 대해 깨닫고 한번 멋지게 해보겠다는 진취적인 자세로 뛰어든다면, 당초의 기대보다 훨씬 더 많은 기회 속에 그만큼 더 활력 있는 삶을 보낼 수 있을 것이다.

【중국 취업 선배의 어드바이스 ①】

자동차 부품 관련 상하이 ○○기업 경귀만

어릴 적부터 자신이 좋아하는 일을 발견하고 꾸준히 정진하여 20 대에 벌써 많은 것들을 이뤄 놓은 친구들도 간혹 있지만, 저는 그렇지 못하였기에 끝없이 제가 좋아하는 일을 찾기 위해 떠돌아다녔습니다. 상하이에서는 시험연구센터, 언론사, 여행사, 섬유무역회사 등 짧은 시간 동안 많은 이직을 하였습니다. 그러면서 주변으로부터 들리는 약간의 조롱과 함께 걱정스런 눈빛을 느끼며 스스로에게도 한때 조바심이 난 적이 있기도 했습니다. 하지만 끝까지 포기하지 않겠다는 생각으로 지금까지 새로운 일들에 도전하며 지내 왔습니다. 그 결과 현재는 자동차 부품의 소재로 주로 사용되는 특수 플라스틱 관련 화학업체의 상해지사에서 일하고 있으며, 중국, 인도 및 기타 아시아 지역의 매니지먼트 업무를 주로 하는 가운데 일과 생활에 아주 만족하고 있습니다.

이제 막 20대를 헤쳐 나온 제 입장에서 볼 때, 20대는 사회에 도전하고 스스로를 알기 위해 노력하는 시기라고 생각합니다. 적성에 맞지 않는 일을 매일 투덜대며 할 것이 아니라 과감하게 자신이 즐길 수 있는 일을 찾아 떠날 수 있는 용기를 가지십시오! 본인이 좋아하는 일을 찾을 때까지, 본인의 능력을 인정해 주며 가치를 알아봐 주는 회사와 동료를 만날 때까지 멈추지 마십시오. 그것이 20대의 특권이기 때문입니다.

이때, 외국어는 필수입니다. 중국어와 영어 수준이 최소한 중급 수준이 되도록 노력하시기 바랍니다. 사실, 30~40대 경력직으로서 한국으로부터 파견된 기술직 주재원이라면 외국어는 그다지 중요하지 않을 수도 있습니다. 하지만 20대에, 경력도 얼마 없고 특별한 기술이 있는 것도 아니라면, 그리고 어떤 일을 하고 싶은지 아직 잘 모르는 상태라면 중국어와 영어는 매우 중요합니다.

한국에서 "중국어야 그렇다 치고 중국에서 지내는데 영어가 왜 중요하냐?"고 묻는 후배들이 있습니다. 물론 중국어만 가지고도 충분히 잘 교류할 수 있습니다. 하지만 10년 혹은 20년 후의 중국 상류층이 될 사람들은, 현재의 20대 후반에서 40대 초반에 해당하는 사람들로 외국에서 유학하고 돌아온 이른바 글로벌 인재들이 상당 부분을 차지하게 됩니다. 그들은 여러분이 외국인이라는 것을 알게 되면 영어로 소통하기를 원할 수도 있습니다. 자기 자신들이 영어를 사용함으로써 일반적인 중국인들과는 뭔가 다르다는 것을 표현하고자 하는 과시임과 동시에 실제로 외국인과 교류하고 있다는 것을 드러내 보이기 위한 또 다른 과시욕에서 비롯되는 것입니다.

저 역시 27살 즈음 여행사에 근무하며 특급 호텔들을 상대로 미팅을 해야 했던 적이 있었습니다. 그 당시 제 중국어는 중급 수준이었고 영어는 겨우 알아들을 수 있을 정도에 불과했습니다. 그런데 제 중국어가 완벽하지 않다고 느낀 중국인 담당자가 갑자기 영어로 회의를 진행하기 시작하였고 그때 느꼈던 아찔함은 아직도 잊혀지질 않습니다. 그 일이 생긴 지 몇 달 후, 저는 딱 1년만 영어 공부를 하자는 마음으로 호주로 어학연수를 떠났습니다. 그리하여 현재는 유창하지는 않지만 미팅에서 제 의견을 전달할 수 있을 정도의 수준은 되었습니다.

저는 현재 중국의 바이어들과 의사소통 시에 중국어 혹은 영어로 진행하고 있습니다. 이에 더해 영어를 구사할 수 있다는 장점 덕에 인도 및 아시아 지역의 업무도 담당하고 있습니다. 아시겠지만, 현재 많은 글로벌 기업이 중국에 거점을 두고 있으며, 중국의 지사들이 아시아 전체를 담당하는 경우가 많습니다. 이와 같은 상황에서 한국인이 중국어뿐 아니라 영어도 가능하다면 중국 기업으로의 취업은 물론 다른 다국적 기업으로의 취업 또한 훨씬 더 용이할 것이며 대우 역시 놀랄 만큼 달라질 것입니다. 이를 고려하더라도, 그야말로 명실상부한 글로벌 리더로서 활동하고 싶다면 중국어와 영어를 놓쳐서는 안 될 것입니다.

다음으로 중국을 좋아하시기 바랍니다. 중국에서 직장을 다니고 사업을 꿈꾸는 사람이라면 마땅히 중국을 사랑하는 법을 알아야 합니다. 그렇지 않고 중국에서의 생활이 싫고 중국인도 싫다면 중국에 있을 이유가 없을 것입니다.

저는 부산이 고향으로 20살이 될 때까지 단 한 번도 부산을 떠나서 생활해 본 적이 없었습니다. 그러다가 우연한 기회에 학교의 지원으로 가게 된 유럽 여행을 통해서 넓은 세상을 알게 되었고 그 뒤로 좁은 한국이 아니라 더 넓은 무대에서 활동하고 싶은 열망을 지니게 되었습니다. 이후, 일본과 호주, 동남아시아 일대 등을 짧게는 며칠에서 길게는 몇 달씩 여행하게 되었습니다. 그런데 그 과정에서 저에게는 중국이 가장 편안하고 좋게 느껴졌습니다. 그리하여 중국에서 꿈을 펼치겠다는 생각을 지니게 되었고 다른 곳을 여행하면 할수록 점점 더 그 꿈이 견고한 각오로 다져지게 된 것 같습니다.

좋아해야만 계속 지속할 수 있고 계속 지속해야만 성공할 수 있다고 생각합니다. 중국이 더럽고, 싫고, 그곳에서의 생활이 재미없다면, 또 다른 여러 곳을 여행하는 가운데 본인에게 더 잘 맞는 장소를 찾으면 됩니다. 20대에 아르바이트로 죽어라 고생해서 조금씩 모은 돈을 여행에 쓴다는 게 쉽지 않을 수도 있지만 제 경우에는 그런 식으로 사용하게 되면 시간이 지남과 동시에 항상 몇 배의 값어치가 되어 돌아왔습니다.

마지막으로 중국에 대한 온갖 편견을 버리시기 바랍니다. 현재 여러분의 머릿속에 있는 중국에 대한 인식은, 저도 그렇고 또 대부분의 다른 한국 사람들에게도 그러했듯이, 부정적 인식 위주의 극히 일부분에 불과할 뿐이기 때문입니다. 아무래도 과거에 중국으로부터 많은 침략을 받아 온 우리의 입장에서 중국에 대한 인식이 좋기는 힘들 것입니다. 하지만, 그것에 너무 좌우되어서는 안 됩니다. 오늘날의 중국은 과거의 중국이 아니며 우리를 바라보는 중국의 자세도 과거의 그것과는 판이하게 달라졌습니다. 그런데 이러한 중국의 변화는 한국에서는 잘 느낄 수가 없습니다. 그래서 우리나라 사람들은 아직도 중국에 대해 좋지 않은 감정 위주로 인식하고 있으며 이것이 중국행의 큰 장애가 되고 있습니다. 따라서 중국에서 기회를 만들고 다지고 싶은 청년이라면 먼저 중국에 대한 편견에서 빠져나올 필요가 있습니다. 있는 그대로의 중국과 중국인을 받아들여야만 더 많은 기회가 찾아올 것이기 때문입니다.

【중국 취업 선배의 어드바이스 ②】

중국 신한은행 노화식

21세기의 최대 시장, G2를 넘어 세계 최고 경제 대국, G1을 거부하는 나라, 세계 경제 총량으로 미국을 능가한 나라, 세계의 지붕, 세계 최대 14억의 인구를 가진 나라 등 수많은 수식어를 가진 나라가 바로 중국이다. 이런 중국에 와서 취업, 창업을 희망하는 20~30대에게 해 주고 싶은 이야기를 몇 가지 나누고자 한다.

중국에 오기 전에, 우선 마음가짐이 중요하다.
세계 최고봉인 에베레스트를 오르기 위해서 제일 먼저 신발에 있는 작은 모래알을 제거한다고 한다. 작은 것이 큰일을 그르칠 수 있기 때문이다. 모래알 같은 두려움을 제거하고 꿈과 열정을 가지기를 바란다.

중국에 와 보니 많은 사람들이 수십여 년 거주하는 사람들이 많은데, 공통점은 중국에 오기 위해 철저히 준비한 사람은 그리 많지 않다.

최근 대한민국을 달구고 있는 〈명량〉이라는 영화를 보면 이순신이 "지금 신에게는 아직도 12척의 전선이 있으므로 죽을힘을 다해 싸운다면 적군의 진군을 막을 수 있다"고 왕에게 말한다. '죽기를 각오하면 살고, 반드시 살려고 하면 죽는다'는 말을 우리는 기억한다. 이 정도까지의 자세는 아니더라고 이 말을 기억한다면 적어도 못할 게 없을 것이다.

둘째는, 중국에서 경험한 분들의 책을 가능하면 여러 권 읽어 봤으면 좋겠다. 처음에는 문화 차이로 이해가 안 되는 부분이 있을 수 있지만 중국 문화를 이해하는 데 많은 도움이 될 것이고, 읽다 보면 중국이라는 나라가 보일 것이다.

셋째는, 한국에서 가능하다면 중국어를 목표를 가지고 절실함으로 배웠으면 좋겠다.

중국 방송 보기도 도움이 된다. 중국에 와서 1년 내 어학을 제대로 배우지 않으면 늘기가 어렵다고들 한다. 그만큼 초기 집중이 중요하다.

넷째는, 더 철저히 준비하라는 것이다. 과거에는 열정 하나로 중국에 와서 성공한 사람들이 많았지만, 지금은 정보 노출과 기회가 많은 중국인들에게 많은 자리를 빼앗겨 과거와 달리 좀 더 준비되고 철저하지 않으면 성공의 자리도 많지 않은 실정이다.

이순신 장군처럼 이길 수 있는 조건을 만들어야 한다. 이러한 이길 수 있는 조건을 만들기 위해 지형지물, 조류 등 지리적 정보를 최대한 활용할 수 있어야 한다. 즉 유비무환, 선승구전의 자세가 필요하다.

일단 중국에 왔다면 가장 먼저, 철저한 자기 관리가 필요하다. 나의 장점과 단점이 무엇인지 먼저 생각해야 한다. 철저한 자기 관리로 단점은 보완하고 장점은 극대화해야 한다. 또 메모를 통한 아이디어 기록 등 남과 다른 차별적인 모습이 필요하다.

관계 측면에서, 중국 한족과 조선족 교포들이 중국에서 다양한 인맥, 즉 혈연, 학연, 지연 등 일명 꽌시로 움직이는 것을 본다. 적극적으로 모임에 참여하여 정보 취득에 노력하라. 자기 자신을 진지하게 소개하고, 만나는 사람들의 명함, 회사 인적 사항 등을 자료화하여 나만의 정보를 축적해 나가자. 나중에 큰 자산으로 돌아온다. 그리고 가능한 현지인 위주로 친구를 사귀는 것이 좋다. 비록 문화는 다르지만 진심으로 대하면 마음이 통할 것이다.

중국에서 가장 신경 써야 할 부분이 안전이다. 보기보다 교통질서 등이 한국과는 많이 다르다. 대부분 사람들이 아무렇지 않게 무단 횡단을 한다. 또한 의료 부분도 한국보다 아직 부족한 부분이 많아 주의해야 한다.

문화 측면에서는, 따뜻한 차문화에 기인한 탓인지 맥주도 차게 먹지 않는다.
한국에서처럼 택시를 타고 갈 때 "남대문 갑시다" 하면 잘 모른다. 반드시 길이 교차되게 2개의 길을 알려줘야 한다.

또 여권과 비자의 유효기간을 확인하고 분실하지 않도록 주의해야 한다. 통장은 주거래 은행을 정해 지속 관리하는 것이 중요하다. 최근 한국계 은행들이 많이 진출하여 한국과 다름없는 서비스를 받을 수 있긴 하나, 중국 은행은 아직 대부분 많은 기다림의 인내가 필요하다. 많게는 몇 시간을 기다려야 하는 경우도 있다.
또한 카드나 이메일 등의 비밀번호 유출 방지에도 관심을 가져야 한다. 유출시 해결이 어려운 부분도 있다. 예를 들면 한국 카드의 경우 한국에 가야 하는 번거로움이 있을 수 있다.

마지막으로 다시 한 번 강조하고 싶은 부분은, 목표를 중국으로 했다면 문화의 차이로 어려움이 있다 하더라도 포기하지 말고 적극적으로 도전했으면 한다는 것이다. 아직도 배 12척이 있다는 마음으로 끝까지 포기하지 않는다면 분명 중국으로부터 얻어 가는 것이 있을 거다. 행동하지 않으면 아무 일도 일어나지 않는다는 말이 있다. 여러분들은 이미 중국을 품고 도전하는 자, 이미 꿈을 가진 자이다.

다른 사람들이 할 수 있거나
할 일을 하지 말고,
다른 이들이 할 수 없고
하지 않을 일들을 하라.

아멜리아 에어하트 Amelia Earhart

중국 취업 수기

Chapter
03

무식하면 용감하기라도 해야 한다!

- 조현규

안녕하세요. 중국 춘추항공에서 한국부 대표로 일하고 있는 조현규입니다. 춘추항공은 중국 60여 개의 국내노선과 한국, 일본, 동남아 등의 국제노선을 운항하고 있는 중국 유일의 저가항공사입니다. 지금은 중국에서 가장 유망한 항공사로 일컬어지기도 합니다.

중국에서 취업하기 전, 앞날을 생각하면 정말 막막했습니다. 학점이 높나, 그렇다고 어학 점수가 높나, 그나마 제가 내세울 수 있었던 것은 중국에서의 어학연수 1년과 지방 4년제 대학의 무역학과 졸업 정도 밖에 없었습니다. 그리하여 한국에서 이력서 조차 제대로 쓰기 힘들었기에 결국 저는 어학연수를 하여 다소 익숙했던 중국행을 결심하게 되었습니다.

2007년 9월 초, 다행히도 국비지원 취업연수 프로그램에 합격하여 바로 상하이행 비행기에 올랐습니다. 그리고 시작된 중국에서의 새로운 생활! 그러나 준비해 간 돈이 별로 없었기에 당장 생활비 마련이 절실했고 또 좋은 직장에 들어가기 위해서는 직장 경력 등도 필요했기에, 우수근 교수님의 추천을 받아 11월부터 한 회사로 출근하게 되었습니다. 이렇게 저의 생애 첫 직장은, 자동차 부품을 OEM 생산하여 제3국으로 수출하는 한국계 무역회사가 되었습니다.

그런데 회사에는 중국어를 할 수 있는 한국인이 저밖에 없었습니다. 그래서 저는 입사하자마자 상하이 지사 운영과 소싱 업무 등을 맡게 되었습니다. 하지만, 아무 경험도 없는 사회 초년생이 갑자기 관리자가 되어 중국인 근로자들과의 노사관계나 생산 공장과의 문제 등을 해결해야 했으니, 그 중압감과 스트레스 등은 무척 심했습니다. 그러다가 생각을 달리하기 시작했습니다. '지금 내가 하고 있는 이 업무는 특정 부서에 배치되어 고작 한두 가지 업무밖에 경험하지 못하는 큰 기업에서는 결코 경험할 수 없는 훌륭한 경력이 아닌가!'라는 식으로 말입니다. 중국 전 지역의 자동차 부품공장을 다니며 계약조건에 대해 협상하고 품질관리부터 출고관리까지 하면서 무려 5년간 정말 많은 중국인들과 접하며 지냈습니다. 그러는 가운데 중국어 실력은 자연스럽게 늘어 갔고 중국인들의 사고나 행동방식 등에도 저절로 익숙하게 되었습니다. 그러니 이 얼마나 소중한 경험이 아니겠습니까.

그런데 이처럼 중국 전역으로 출장을 다니면서 이용한 항공사가 바로 지금의 직장인 춘추항공입니다. 춘추항공의 가격은, 예를 들면, 세금을 제외한 항공운임이 99위안(약 1만 8,000원), 190위안(약 3만 4,000원), 290위안(약 5만 2,000원) 등 다른 항공사와는 비교할 수 없을 정도로 저렴했기 때문입니다. 그로 인해 이용할 때마다 '아니 어떻게 이리 저렴할 수 있지?'라는 궁금증을 지울 수 없었고, 그러한 마음은 관심으로 이어지면서 묘한 도전의식까지 촉발시키게 되었습니다. 당시 춘추항공은 일본과 동남아로는 취항하고 있었으나 한국 노선은 없었으니, '왜 없을까?'라는 궁금증과 더불어 '한번 도전해 보자!'는 마음도 품게 된 것입니다.

'무식하면 용감해야 된다!'고 했습니다. 이후, 저는 춘추항공

본사에 접촉하여 인사과 연락처를 알아냈고 이어서 간단하게 자기소개를 한 뒤 이력서를 보내겠으니 받아 달라고 청했습니다. 정말이지 무식해도 너무 무식했습니다. 그러니까 더 용감해진 것인지도 모르지만, 항공 관련 전문지식은커녕 항공의 '항'자도 몰랐던 저는 자기소개서에 장차 춘추항공이 한국으로 취항할 때 예상되는 난점 등을 정리한 후, "그러한 문제들은 제가 반드시 해결하여 춘추항공이 한국으로 취항하도록 하겠다"는 약속도 담아 보냈습니다.

이후, 회사에서는 제 이력서를 확인함과 동시에 구인 사이트에 '춘추항공 한국부 대표 구인'이라는 광고를 게재하였습니다. 회사의 입장에서는, 아무래도 많은 사람들을 비교하여 최적임자를 선정하고 싶었던 것이겠죠. 이러한 예상은 적중하였고 곧 1차 면접에 참가하라는 연락이 왔습니다. 1차 면접은 인사과에서의 구술면접 후 인성 및 적성검사를 하였습니다. 이후 2차 임원 면접에서는 회사관리 경력과 한국인과 중국인의 중간 관리자로서의 문제 해결 방법, 한중 항공협정상에서의 한국 입장과 중국 입장에 대한 견해 및 한국 저가항공사와 춘추항공사의 차이점 등에 대하여 발표하는 식으로 진행되었습니다. 그리고 이어진 마지막 자유 발언. 그 자리에서 다시 한 번 "춘추항공이 못하고 있는 한국 취항을 꼭 이뤄내겠다!"는 자신감을 강하게 피력하였습니다. 그 결과 2012년 7월, 드디어 춘추항공에 입사하게 되었습니다. 그와 동시에 회사에서는 한국부를 신설하여 저로 하여금 본격적으로 한국 취항을 준비하도록 지시했습니다.

이렇게 하여 춘추항공은 2013년 7월 드디어 상하이-제주 간 주 2회 부정기노선으로 취항하게 되었습니다. 이어서 10월에는 주 7회(매일 1편)로 증편되었다가 2014년 3월부터는 주 10회의 정기노선으로 변경되어 상하이와 제주를 더 자주 오갈 수 있게 되었습니다. 현재, 상하이-제주 노선은 춘추항공이 취항한 국제노선 중 가장 성공적인 노선이라는 평가를 받고 있기도 합니다. 이에 대해 저는 너무나도 뿌듯한 보람을 느끼고 있습니다. 하지만 그렇다고 제가 춘추항공과 한 약속이 끝난 것은 아닙니다. 아니, 끝이라기보다는 이제 본격 시작되는 것이라는 각오로 한국의 주요 노선으로의 취항을 위해 또 분투하였습니다. 그 결과 드디어 2014년 9월부터 '상하이 푸동-인천공항'의 취항을 실현하게 되었습니다. 실로 2년여 만의 고군분투 끝에 이뤄낸 쾌거가 아닐 수 없습니다.

가끔씩 "어떻게 해서 춘추항공에 입사하게 되었는가?"라는 질문을 받곤 합니다. 그럴 때면 "중국에 오기 전에는 정말이지 아무엇도 할 수 없는 상태였다. 그래서 무역이라는 전공이라도 살려 보자는 마음에 중국이란 환경을 선택했다. 그 과정에서 어떻게 하다 보니 또 다른 기회를 만들게 된 것 같다"고 솔직하게 있는 그대로 대답합니다. 하지만 저와 비슷한 처지에서 어찌할 바 몰라 하며 고개를 떨군 후배들이 질문해 올 때는 더 진지하게 한마디 덧붙입니다. "전공에 너무 구애받을 필요는 없을 것 같다. 처음에는 전공과 관계없이 '우선 사회생활을 배워 나간다!'는 열린 마음으로 임하는 것이 좋을 것이다. 어떤 일이라도 주어진 일을 열심히 하다 보면 그 과정에서 전혀 생각하지 못했던, 하지만 전공보다 더 잘 맞을 수도 있는 새로운 분야를 발견할 수 있을 것이다. 혹은 자기 스스로 또 다른 더 좋은 기회를 만들 수도 있을 것이다. 그러니까 가장 중요한 것은 고민만 하지 말고 과감하게 움직여야 한다. 그래야 뭐라도 시작될 수 있으니까…"라고 말입니다.

기회의 땅 중국, 너희에게도 기회의 땅이 맞는가?
- 김찬

한국에서의 나는 아주 흔하게 볼 수 있는, 동물로 비유하자면 마치 길가 여기저기에 널려 있는 비둘기와 같은 존재였다. 당시의 나는 대학을 졸업하고 이래저래 들어간 직장에서의 반복적인 일상 속에 시간만 덧없이 흘려보내고 있었다. 그러는 가운데 점점 새로운 것에 대한 도전을 동경하게 되었다. 그러다가 인터넷을 통해 알게 된 '국비지원 해외취업연수'는 멎었던 가슴을 다시 되살아나게 했다.

한국의 언론매체는 중국에 대해 주로 '위험하다', '미개하다', '더럽다' 등 수많은 부정적인 단어들로 묘사하고 있다. 그런데 내가 영화를 통해 바라본 중국, 특히 상하이의 모습은 그런 부정적 모습들이 내 머리로부터 우주 저 멀리로 사라지게 하기에 충분했다. 그런 영화 몇 편을 보면서 나는 특별한 계획도 없이 중국 상하이에 가보고 싶다는 막연한 생각을 마음 한쪽에 품게 되었다. 그렇기 때문에 나는 국비지원 해외취업연수의 기회를 놓치지 않았고 서둘러 프로그램에 지원하게 되었다.

그리고 운 좋게 들려온 합격소식! 나는 뛸 듯이 기뻤다. 그러나 이와 동시에 고민에 빠지기도 하였다. 부모님의 아쉬워하시는 말들, 결혼을 약속했던 여자친구, 사직을 요청하자 좋게 봐줬는지 당시의 나에겐 파격적인 연봉을 다시 제시하는 회사, 이 모든 걸 다 버리고 가야 한다는 사실이 너무 힘들었던 것이다. 하지만 가슴에 품은 꿈과 새로운 도전을 꿈꾸며 결국 상하이에 오게 되었다.

도착하던 날 내가 본 상하이는 상상 이상으로 발전해 있었다. 그 모습에 홀린 듯 나는 겁도 없이 상하이의 여기저기를 새벽 1시까지 걸어 다니며 구경하기도 했다. 내가 직접 본 상하이는 아주 매력적인 도시였다. 한국에선 볼 수 없었던 수많은 외국인들과 중국인들이 공존하는 모습, 한국의 63빌딩과는 비교도 안 될 정도로 높게 치솟은 수많은 고층빌딩들, 엄청나게 화려한 야경 등이 나에게 '왜 한국 사람들은 이런 것을 모르고 중국을 무시하고 있을까?'라는 의구심이 들게 했다.

국비지원 해외취업연수가 진행된 곳은 상하이 중심지에 위치한 동화대학교였다. 동화대학교 또한 아주 매력적이었다. '국제도시'라는 타이틀에 걸맞게 수많은 외국인들이 국적을 초월해 기숙사 앞에서 기타를 치며 한데 어울리거나, 술이나 음료수 등을 함께 마시면서 정겹게 지내는 모습이 너무나도 자연스러운 곳이었다. 이들 전 세계 각국 출신의 유학생들과 어울릴 땐 중국어보단 영어를 더 많이 사용하여, 중국에 있으면서도 '지금 내가 중국에 온 것인지…' 하며 한 번 더 생각해 보는 어이없는 상황도 적지 않았다. 한국에서 경험할 수 없는 다양한 외국문화도 경험하며, 외국인에 대한 막연한 두려움도 극복할 수 있었다. 지금과 같은 글로벌 시대에 이들과 같은 국제적인 인맥이 나중에 또 어떤 효과를 거둘 수 있을지 자못 기대되고 있는 것이 사실이다.

동화대학교에서 진행된 연수기간 동안, 연수를 총괄하셨던 우수근 교수님과 중국 현지 기업의 대표님들의 특강을 들었고, 그 간접 경험을 통해 중국을 좀 더 빨리 이해할 수 있어서 취업에도 큰 도움이 될 수 있었다. 종종 어머니께서 우리를 혼내실 때 "크면 엄마가 하는 말 다 이해할 거야"라고 하시듯이, 그 당시에는 이해가 안 됐고, 피부로 와 닿지 않은 교육 내용도 있었지만, 시간이 지날수록 얼마나 소중했던 강의였는지 알게 된다.

여기까지 읽었으면 대략 눈치를 챘겠지만, 나는 연수를 마친 뒤 취업하였고, 이 글을 쓰고 있는 현재까지 상하이에서 직장 생활을 하며 지내고 있다. 한국에서 새로운 도전에 대해 큰 결심을 한 뒤, 모든 걸 버리고 중국에 와서 여러 가지 우여곡절을 겪는 가운데 2년이 넘는 기간 동안 글로벌 코리안으로 살아가고 있는 것이다.

생각하건데, 아직 중국의 교통문화나 위생 등은 한국에 비해 떨어지는 게 사실이다. 하지만 무엇이든 역동적인 변화가 끊이질 않고 있는 중국에 있으면, 한국에 있을 때처럼 다람쥐 쳇바퀴 돌 듯이 반복되는 일상과 시간이 무의미하게 지나가는 듯한 느낌은 들지 않는다. 역동적인 변화의 흐름 속에 문득문득 내가 힘차게 살아 있음을 느낄 수 있다.

이러한 나에게 한국에 있는 몇몇 친구들은 "왜 사서 고생을 하냐?", "그 정도의 가치가 있냐?", "왜 하필 중국이냐?"라고 묻기도 한다. 이에 대해 과거의 나였다면 망설였겠지만, 현재의 나는 망설임 없이 당당하게 말하고 있다. "난 여기 생활에 만족하고 있고, 나의 선택은 매우 탁월했다. 아직 부족한 부분이 있을지 모르지만 그 부족한 부분도 채워나간다면 더 크게 성장할 수 있다!"

CEO로서의 내 꿈은 멀지 않았다
- 홍정민

중국으로의 취업 도전
나는 대학을 남들보다 다소 늦은 28살의 나이로 졸업했다. 졸업 당시는 청년 취업률이 역대 최악이던 때였다. 그 상황에서 이렇다 할 경험이 없었던 나에게 있어 취업은 남들보다 훨씬 더 힘들고 극복하기 어려운 난관이었다. 그러던 어느 날, 문득 눈에 띈 국비지원 중국 취업연수과정! 이것은 나에게 한줄기 빛과 같은 희망이었다. 이를 통해 나는 중국 동화대학교 중국무역전문가 취업연수에 참여하였고, 나의 상하이 생활도 그때부터 시작되었다.

뜻하지 않게 찾아온 위기와 재도전

상하이 연수과정에서는 다양한 비즈니스 분야에 종사하는 사장님, 이사님, 부장님, 그리고 우리보다 조금 먼저 와서 취업에 성공하여 활약하고 있는 중국 취업 선배들을 포함한 다양한 분들을 만날 수 있었다. 이분들을 통해서 모 대기업의 제조 공장 견학, IT기업 협의회 참관, 의료산업 박람회 등등 수많은 분야에 대해 직접 경험할 수 있었다. 또한 이분들과의 관계 속에서 현장학습과 인턴 등을 거치며 하나씩 둘씩 취업해 나갈 수 있었다.

나 역시 이 과정에서 알게 된 한 기업의 대표님을 통해 중국 각지를 돌아다니며 박람회에 참여하는 일을 잠시 하게 되었다. 쓰촨성, 장쑤성, 산둥성, 후난성 등 중국 각지를 1박 2일 혹은 2박 3일로 다니는 보람된 시기를 보냈는데, 그 과정에서 수업도 가끔

빠지게 되었다. 그러던 어느 날, 청천벽력 같은 소식을 접하게 되었다. 내가 취업연수에서 퇴출당할 위기에 놓였다는 것이다. 국비지원 취업연수라는 국가사업은 청년실업 문제를 해소하기 위한 해결책의 일환이다. 그런데 정식 취업을 위한 대외 활동이나 취업 활동을 오히려 제한하는 국가의 한심한 탁상 정책에 직면하게 된 것이었다. 하지만 실의에 빠진 나를 우 교수님이 적극 나서서 도와주심으로써 다행히 잘 해결되었다. 이렇게 잊지 못할 감동 속에 나는 다시 중국 취업에 도전하게 되었다.

취업 성공 그리고 꿈

그리고 결국 나는 중국 현지 패션회사에 당당히 입사하게 되었다. 이후의 직장생활은 매우 순조로웠다. 배우는 것도 정말 많았다. 수많은 지역들로 출장을 다니며 중국에 대한 이해를 더 깊게 할 수 있었다. 그 과정에서 나는 서서히 나만의 꿈을 지니게 되었다. '이 지역에서는 이러저러한 경로를 통해 이런 식으로 하면 얼마만큼의 수익이 창출될 수 있겠구나…'라는 등의 그동안의 경험을 토대로 내 회사를 설립하여 경영하는 CEO로서의 다부진 꿈을 꾸게 된 것이다. 그리고 현재 나는 강하게 느낀다. 내가 지금까지 해왔던 대로 앞으로도 많은 땀을 흘리고 다닌다면, 나만의 시장 공략을 통한 CEO로서의 내 꿈이 이뤄질 날이 그렇게 멀지는 않았다는 점을 말이다.

그리고 우리 청년들이 더 이상 한국에서 취업 걱정을 하며 소중한 시간을 낭비하지 않았으면 좋겠다. 멀리 보고 큰 꿈을 갖고 도전한다면 자신이 생각하는 것 이상의 꿈을 이뤄낼 수 있을 것이다.

한 순간의 결단으로
남보다 앞설 수 있다.

톰 피터스 Tom Peters

칼럼

글로벌 코리아를 위해서는 '글로벌진출전문가'가 필요하다

'글로벌진출전문가'와 '발로페서'

우리들에게 특히 더 유리하게 전개되고 있는 중국 시장에 대해 우리는 어떻게 하면 리스크를 최소화하는 가운데 더 효율적으로 진출할 수 있을까? 이를 위해선 우리 한국인, 한국 기업들의 중국진출을 보다 더 실사구시적으로 이끌고 밀어줄 수 있는 '글로벌진출전문가(여기서는 중국 진출이므로 중국진출전문가)'라는 새로운 유형의 전문가가 필요하다. 그렇다면, 글로벌진출전문가란 어떠한 사람들인가? 그 개념에 대해 좀 더 이해하기 쉽도록 우리 사회의 '국제관계전문가'와 비교해 보도록 하자.

먼저, 여기서 말하는 국제관계전문가란 이른바 미국전문가, 중국전문가 및 일본전문가 등과 같이, 어느 특정 국가나 지역의 정치외교 및 경제 등에 대해 정통한 전문가 등을 총칭한다. 그런데 이들은 주로 연구실 등에서의 학문상의 이론이나 각종 수치 및 데이터 등에 의존하는 '거시적인' 연구 경향이 강하다. 이로 인해, 일반 사람들이나 기업 등의 글로벌진출 등에 필요한 구체적이며 실질적인 도움을 주기에는 한계가 있다.

이에 비해, 글로벌진출전문가란 '거시 분야에 대한 이론적 접근'을 주로 하는 국제관계전문가들과는 사뭇 다르다. 이들은 해당 국가나 지역 등에 진출하고자 하는 일반 기업이나 개인 등을 대상으로 피부에 와 닿는 현실적 지원 등과 같은 '미시 분야에 대한 실사구시적 접근'을 주로 담당하기 때문이다. 예를 들면 중국진출전문가의 경우, 우리 기업이나 개인이 중국 진출 시에 그와 관련된 A to Z를 바로 곁에서 실질적으로 도와줄 수 있는 실무 전문가를 의미한다. 이렇게 볼 때, 글로벌진출전문가는, 국토도 작고 자원도 많지 않은 한반도의 우리들에게는, 글로벌 세계를 우리의 또 다른 글로벌 터전으로 개척해 나감에 있어 반드시 필요한 존재가 아닐 수 없다.

그렇다면, 글로벌진출전문가가 되려면 어떻게 해야 하는가? 이에 대해 우리 사회의 대표적인 전문가 집단인 대학 교수들과 비교하는 가운데 알아보도록 한다.

우리 사회의 대학 교수들은 이론적 연구와 분석 등을 위주로 하다 보니, 상아탑과 같은 연구 공간에 머무는 경향이 강하다. 그러나 글로벌진출전문가가 되기 위해서는 연구 공간 등에 머무는 시간을 위주로 해서는 곤란하다. 그보다는, 상아탑 밖의 일상 사회 및 기업 현장 등을 더 가까이 하는 가운데 대학과 사회와의 괴리를 최소화해야 한다. 이를 고려할 때, 글로벌진출전문가는 '프로페서'보다는 '발로페서(발로fessor)'의 성향이 더 강한 사람이 적합하다. 연구 공간 안에서의 정적인 이론 연구 능력이 아닌, 더 넓은 사회를 직접 '발로' 뛰며 오가는 가운데 현장을 더 중시하는 동적인 행동 능력이 더 필요하기 때문이다.

대학의 변화도 필요하다

한편, 우리 대학들이 우리 한국인 및 한국 기업들의 글로벌진출을 보다 더 효율적으로 지원할 뿐 아니라 글로벌진출전문가를 양성하는 전문교육기관으로서의 역할도 겸하려면, 그 목적에 합당하도록 재편될 필요가 있다. 이와 관련, 오늘날 대학생들의 대학 진학 목적은, 학자가 되기 위한 학문 연구보다는 보다 나은 사회진출과 교양 차원이 더 많은 것이 현실이다. 따라서 공급자인 대학은 수요자인 학생들의 이러한 목적에 보다 더 부응하도록 그에 맞는 노력을 더 많이 경주할 필요가 있다. 그럼에도 불구하고 우리 대학가는 아직도 이론적 학문을 위주로 하고 있다. 그 속에서 울며 겨자 먹기 식의 안타까운 생활을 보내는 대학생들이 적지 않다. 이는 글로벌 교육과 관련해서도 마찬가지다. 글로벌 글로벌 하면서도 정작 실제 글로벌 현장과는 거리가 멀기 때문이다. 이 상황에서 '글로벌진출'이라는 목적에 더 부응한 교육이 이뤄지려면 무엇보다도 먼저 글로벌진출 교육에 적합한 교원 확충이 필수적이다. 실사구시 글로벌진출 교육만큼은 학문적 이론에 치우친 전형적인 교수 스타일이 아닌, 현실 사회를 더 중시하는 '발로페서형' 교수들을 확보함으로써 이들로 하여금 명실상부한 글로벌진출 교육이 이뤄지도록 해야 하는 것이다.

다음으로 글로벌 교육을 담당하는 교수들에 대해서는 평가 시스템도 달리할 필요가 있다. 현재 교수들에 대한 평가는, 학회 논문 등과 같은 개인의 연구실적과 강의실 교육 등을 위주로 이뤄지고 있다. 그 속에서 학생들보다는 사실상 자신들을 위한 생활을 위주로 하고 있는 교수들도 적지 않다. 그러다 보니 학생들 중에도 그러한 교수들에게 더 이상의 기대는 하지 않은 채 졸업장만 손에 쥘 날을 고대하고 있는 사람들도 적지 않다. 이런 식으로 우리 대학가의 '교수 따로, 학생 따로' 현상은 점점 더 심해지고 있다. 이를 바로잡기 위해서도 글로벌진출 교수들에 대한 평가는 개인적 연구실적 위주의 평가가 아닌, 학생들을 위한 실적 위주의 평가로 이뤄져야 한다.

세 번째로, 교수들뿐 아니라 대학들도 보다 더 깊이 있는 글로벌진출 교육을 위해 노력해야 한다. 예를 들면, 중국진출과 관련해서도 대학들은 "중국의 시대가 도래한다!", "거대한 중국 시장이 전개된다!"고 가르치고는 있다. 하지만 실제로는 '저 대학은 중국과 관련된 교육에서 정말로 학생들을 위한 실사구시 교육을 잘 하고자 하는구나!'라는 생각이 드는 곳을 찾기란 쉽지 않다. 그나마 몇몇 대학 정도가 방학기간에, 혹은 한 학기 정도 학생들을 중국의 자매대학 등으로 파견하여 중국 현지를 직접 보고 느끼게끔 하고 있다.

그런데 이러한 프로그램도 젊은 청년들로 하여금 중국의 아름다운 옛 시나 읊으며 도나 닦고 오라는 셈인지, 한적한 지방도시나 변두리 지역으로 보내는 곳이 많다. 그런가 하면 대학 중에는 "중국 학생들을 보내주면 우리 학생을 그리로 보내주마"라며 학생들을 마치 거래의 미끼로 사용하는 듯한 곳도 있다. 설상가상으로 "한국 학생들을 먼저 보내주면 우리 중국 학생들은 얼마든지 보내줄 수 있다"는 얼토당토않은 유혹에 현혹되어 학생들을, 정작 학생 본인들은 원하지 않는 곳으로 보내는 곳도 있다. 이런 식으로 학생들보다는 대학을 위한 눈 가리고 아웅하는 행동을 하면서도 대외적으로는 "우리 대학은 학생들을 해외로 이렇게 많이 보내고 있다!", "우리는 글로벌 교류의 기회를 이렇게 많이 제공하고 있다!"며 홍보에 열을 올린다. 그런데 그것이 과연 얼마나 학생들을 위한 것일까. 만약 그 학생들이 자기 자식들이라면 과연 그러한 곳으로 보내려 할까?

이제는 대학들도 다른 대학들로는 '대체불가'한 자신만의 독보적인 브랜드를 지녀야 한다. 5개의 단과대에 38개의 학과, 학부 대학생은 고작 6,700여 명에 불과한 하버드대를 보라. 이곳을 소규모의 보잘것없는 대학이라 치부할 수 있겠는가! 이를 고려하더라도 이제 우리 대학들도 '양적 성장'보다는 '내적 성숙'에 더 치중해야 한다. 그렇지 않고 계속해서 남들 사이에 적당히 섞여 가려 하다간 생존조차 쉽지 않을 수 있다. 커리큘럼이나 교수진의 차이 없이 시류에 따라 학과 명칭만 살짝 바꾸거나 하는 식으로는 결국 도태될 수밖에 없다. 중국과 관련되어서도 마찬가지이다. 남들이 하는 것을 대강 따라하려 하지 말고 예를 들면, 상하이와 같은 대도시에 현지 거점이나 '○○대학 중국 상하이 캠퍼스' 등을 마련하도록 하자. 이를 토대로 현지에 더 다양한 네트워크를 구축하고 다각적으로 활용하면서 본교 학생들뿐만 아니라 일반인이나 기업들의 중국진출 또한 적극 지원하도록 하자. 이를 통해 궁극적으로는 '중국 하면 ○○대학!', '○○대학 하면 중국!'이라는 식으로 독보적인 위상을 다져 나가도록 하는 것이다.

그렇다고 예산이 그렇게 많이 필요한 것도 아니다. 중국 현지와 긴밀히 협력하는 가운데 잘 준비하면, 별도의 예산 부담 없이 구축할 수 있는 방안이 얼마든지 있기 때문이다. 이를 토대로 기왕 마련된 현지의 네트워크를 보다 더 다각적으로 적극 활용한다면, 중국으로 진출하려는 기업 및 단체 등에게도 도움이 되고 그 과정에서 해당 대학 또한 합리적인 수익을 창출하는 일석다조의 효과도 얼마든지 기대할 수 있다.

마지막으로, 대학의 기풍과 관련하여 우리 대학가보다 훨씬 더 실사구시적 기풍을 지닌 중국의 대학가도 벤치마킹할 필요가 있다. 대부분의 중국 대학들은 그 산하에 적지 않은 산학협력 기업 등을 두고 있다. 이를 통해 학생들이 배우고 익힌 것을 졸업 후에 바로 활용할 수 있도록 힘쓰고 있다. 또한, 중국의 대학들은 단과대학들이 스스로의 경쟁력과 생존력 등을 더 높여 나가도록 단과대학들의 독립채산제도 적극 독려하고 있다. 이로 인해 교수들은 자신의 생존을 위해서도 점점 더 '발로뛰서' 경향을 띠는 가운데 상아탑 안팎을 부지런히 오가지 않으면 안 되게 되고 있다. 한 발 더 나아가, 중국 대학들은 교수들이 기업을 세워 이윤을 창출하는 것도 장려함으로써 학생들의 취업과 창업 등에 보다 더 기여하도록 하고 있기도 하다. 이와 같은 현장 중시형 실사구시 교육 또한 우리 대학가가 적극 벤치마킹할 필요가 있다.

거대 국가 중국만의 '중국병'

중국사는 황건적의 난이나 홍건적의 난 등을 통해서도 알 수 있듯이, 부정부패에 대한 농민 봉기의 역사라고도 할 수 있을 것이다. 근대에 들어서만 해도 1948년의 국민당은 극심한 부정부패로 인해 패망을 목전에 두고 있었다. 이에, 장제스蔣介石와 큰아들 장징궈蔣經國는 "파리는 놔두고 호랑이만 잡겠다"는 구호를 내세우며 국민당을 대대적으로 개혁하겠다고 나섰다. 하지만, 상하이의 대형 비리 기업인들에 대한 대대적인 척결 작업을 벌이면서도 막상 친인척인 쿵샹시孔祥熙 사건은 무마시키면서 반부패 운동은 70일 만에 종결되었다. 이로 인해, 국민당은 1년 뒤인 1949년에 세워진 중국 공산당에 밀려 대만으로 도피하는 비참한 말로를 보이게 되었다.

2012년 8월, 시진핑 주석은 국가 주석으로 공식 취임하기 전에, 이미 부정부패에 대한 대대적인 척결 작업을 역설했다. 이에 장쩌민 전 주석과 후진타오 주석이 전적으로 동의하였는데, 이는 바로 역사의 교훈이 단지 과거의 이야기만은 아니라는 위기감에서 나온 것이 아닐 수 없다.

중국은 광활한 영토에 14억이 넘는 엄청난 인구 등으로 인해 타국의 부러움을 사기도 한다. 하지만 이것이 중국에게는 괴로움이기도 하다. 거대한 국가를 통치하기란 결코 쉽지 않기 때문이다. 이와 관련, 중국은 그 거대한 덩치로 인해 초고도 비만증 환자와도 같다 할 것이다. 이로 인해 다음과 같은 '3국國 문제', 즉 국내문제, 국제문제, 국경문제 등의 다양한 '복합합병증'을 앓으며 쉽지 않은 나날을 보내고 있기도 하다.

먼저 국내문제이다. 중국은 낙후되고 빈한한 농촌 문제로부터 양극화, 부정부패, 소수민족이나 환경 문제 등과 같이 이미 우리에게도 잘 알려진 기존 문제들로 골치를 썩고 있다. 그런데, 이들 현안들만 해도 어느 것 하나 해결이 쉽지 않은 판에 설상가상으로 농민공 자녀 문제나 지역차별 문제 등과 같이 또 다른 문제들이 계속해서 불거지고 있다. 그러다 보니, 중국의 최고 지도부조차 "중국의 최대 난제는 땅이 너무 넓고 인구 또한 너무 많은 것"이라며 볼멘소리를 감추지 못하고 있다.

이들 국내문제 가운데 소수민족 문제 하나만 해도 그렇다. 주류 민족인 한족을 포함하여 56개의 민족으로 구성된 다민족 국가 중국에서 소수민족의 외형이나 생활양식, 언어나 관습 등은 민족에 따라 무척 다르다. 마치 같은 나라가 아니라 외국처럼 여겨질 정도로 언어나 관습 등이 판이하게 다른 것이다. 그럼에도 불구하고 1949년에 지금의 신중국을 건국한 공산당 정부는, 이들 소수민족들에게 분리 독립을 허용하지 않는 대신 자치권을 보장하는 식으로 국가 통합을 추진했다. 이를 위해 막대한 규모의 경제적 지원이나 사회적 우대 조치 등을 실시하는가 하면, 한족 출신 당 간부를 파견하여 정치권력을 장악하면서 한족을 대량으로 이주시키는 등, 당근과 채찍을 병행하는 동화정책도 전개해 왔다.

하지만 중국 정부의 이와 같은 노력은 주류인 한족과 소수민족 양측의 갈등과 대립을 심화시키는 역효과를 초래하였다. 주로 한족이 몰려 사는 동부 연안으로부터는 "왜 우리의 피와 땀이 서린 소중한 돈을 게으른 저자들에게 쏟아부어야 하는가!"라는 불만이 팽배하게 되었고, 내륙의 소수민족들로부터는 "공산당 정부로부터 온갖 혜택을 받아 온 자들이 세금 몇 푼 내면서 우리를 무시한다!"라는 식으로 한족에 대한 반감과 사회 불만을 초래하기도 하였다. 이 과정에서 일부 소수민족들은 그들만의 진정한 민족 자치나 분리 독립의 색채를 더욱 뚜렷이 하게 되었다. 잊을 만하면 발생하는 소수민족에 의한 유혈사태는, 바로 이처럼 하나로 되기가 쉽지 않은 이질적인 요소를 단일 국가라는 하나의 틀 안에서 규합해 가려는 '덩치 큰 나라大國' 중국의, 과도한 덩치 때문에 나타나는 '비만합병증'의 하나라 할 수 있다.

다음으로 국제문제이다. 단기간에 G2로 부상하는 과정에서 중국에 대한 국제사회의 경계와 견제 등이 매우 심각하게 되었다. 미국과 일본을 위시한 국가들이 합종연횡으로 중국에 '쌍심지'를 켜게 된 것이다. 이러한 분위기는 중국의 부상과 더불어 나날이 심해져만 가니, 이 또한 거대국가 중국만의 병이 아닐 수 없다.

마지막으로, 국경문제이다. 중국은 거대한 영토만큼이나 14개국과 국경을 맞대고 있으며 6개국과는 영해 관련 분쟁을 벌이고 있다. 이로 인해 중국은, 중국 당국자의 표현처럼, '영원한 라이벌 러시아를 비롯해서 인도와 베트남 등과 같은, 한반도와는 비교할 수 없는 강적들로 인해 항상 골치 아픈 상황'이다. 그뿐만 아니라 중앙 아시아나 서남 아시아 방면으로는 자국의 소수민족들과 같은 혈통인 카자흐스탄, 키르기스스스탄 등과 같은 '~스탄'이란 명칭의 국가들 또한 적지 않아, 이들과 중국 내 소수민족과의 공모 등에 의한 국가 분열 등에도 항상 초미의 신경을 쓰지 않으면 안 되는 상황이다.

이처럼, 광활한 영토에 14억이 넘는 엄청난 인구를 지닌 중국이지만, 속속들이 들여다보면 영토가 크지 않고 인구도 그리 많지 않아 다행이라는 생각이 들 정도로 남다른 고민을 지니고 있기도 하다. 앞서 밝힌 부정부패 문제 하나만으로도 중국의 흥망이 좌우될 정도로 심각한데, 이에는 아랑곳하지 않고 또 다른 문제들이 속속 발등의 불처럼 번지고 있다. 입장을 바꿔 놓고 보면 중국은 아무래도 너무 크고 또 인구가 너무 많아 통치가 쉽지 않음을 알 수 있다. 이렇게 볼 때, 중국을 보다 더 잘 이해하려면 '중국의 입장'에도 설 필요가 있다. '역지사지' 하면 더 잘 보이고 그렇게 되면 불필요한 오해와 마찰도 그만큼 더 줄이는 가운데 중국을 보다 더 잘 활용해 나갈 수 있기 때문이다.

중국은 사회주의국가가 아니다!?

사회주의국가 하면, 경직된 사회 분위기나 통제와 탄압 등과 같은 두렵고 억압적인 특징 등을 먼저 떠올리는 것이 일반적이다. 그렇다면, 자신들을 사회주의국가라고 하며 '중국 특색의 사회주의 시장경제'를 지향한다는 중국은 과연 얼마나 이와 같은 사회주의의 특성에 부합할까? 이에 대해 중국 사회의 일반적인 분위기와 중국인들의 일상적인 생활 등을 중심으로 알아보도록 한다.

먼저, 중국은 사회주의국가가 맞다. 이는 "중화인민공화국은 노동

자계급이 영도하고 공농연맹을 기초로 하는 인민민주 전제정치의 사회주의국가이다. 사회주의 제도는 중화인민공화국의 근본제도이다. 어떠한 조직 또는 개인도 사회주의 제도를 파괴하는 것을 금지한다"라고 명기된 중국의 헌법 제1조를 보더라도 알 수 있다. 하지만, 헌법상 특정 정체identity나 제도 등을 명기했다 하여 해당 국가가 반드시 그런 정체와 제도 등을 실질적으로 구현하고 있다고 할 수는 없다. 이는 북한만 봐도 잘 알 수 있다. 북한, 즉 조선민주주의 인민공화국은 헌법상 민주제도와 공화국제를 명기하고 있지만, 실상은 전혀 그렇지 않다는 것은 누구나 잘 알고 있지 않은가.

이러한 사정은 중국 또한 마찬가지이다. 실제로, 사회주의국가인 중국에서는 사회주의 경제의 일반적인 특징이라 할 계획경제나 사유재산 부정 그리고 집단생산과 공동분배 등과 같은 모습은 이미 거의 찾아볼 수 없다. 그렇다면 이는 어떻게 된 것일까? 사회주의라면서 그 일반적인 특징을 거의 지니지 않고 있다는 것은 과연 무엇을 의미하는 것일까?

1949년의 건국 이래 1978년의 개혁개방까지만 해도, 중국은 사회주의 경제의 일반적 특징인 계획경제를 비교적 충실히 이행하고 있었다. 다시 말해, 국가가 계획한 대로 생산하고, 가격도 국가에서 정하고 분배하였던 것이다. 이런 식으로 마오쩌둥은 자본주의 경제의 폐단을 제거하여 공동생산과 공동분배를 통한 만인평등, '일하지 않아도 잘 살 수 있다'는 마르크스가 꿈꾸던 지상 천국인 진정한 공산사회를 가꾸고자 '거대한 실험'에 돌입하였다.

하지만, 진정한 공산사회의 건설은 일장춘몽에 불과하다는 것을 깨닫는 데 30여 년이면 족했다. 그리하여 이 위험한 실험으로 인해 중국이 더욱 피폐해지기 전에 개혁개방을 토대로 한 새로운 경제제도를 도입하게 되었다. 그런데 전임자들의 궤적을 송두리째 부정하지 않는 중국적 특성 등을 고려할 때 그것을 바로 자본주의 시장경제라 하기는 쉽지 않았다. 그래서 등장한 것이 바로 '중국 특색의 사회주의 시장경제'이다. 이처럼, 중국 특색의 사회주의 시장경제란, 당시의 중국이 처한 상황과 중국적 전통 등을 토대로 만들어 낸 지극히 중국적 표현일 뿐, 그 속성은 시장경제의 그것과 크게 다를 바 없다 할 것이다.

그렇다면, 중국 특색의 사회주의 시장경제와 자본주의 시장경제 사이에는 어떠한 차이가 있을까? 이에 대해 중국인 학자들에게 직접 물어본 적이 있다. 그런데 그 '대답 아닌 대답'이 걸작이었다. "양자는 과연 무엇이 다른가?"라는 질문에 대해 "음…" 하며 잠시 고민하던

한 사람이 불쑥 "우선, 말 자체가 다르지 않은가!"라며 너스레를 떨었다. 이어서 또 다른 학자가 "뭐, 다른 것이 있겠어? 무엇보다도 공산당이 그렇다니까 그런 거지 뭐…"라고 응수하여 참석한 10여 명의 중국인 학자들의 웃음을 자아내기도 했다.

실제로, 오늘날의 중국 사회를 보면 사회주의국가 중국의 사회주의답지 않은 모습을 어렵지 않게 볼 수 있다. 특히, 중국 현지에서 생활하다 보면 문득문득 '중국이 정말 사회주의국가가 맞나?' 하는 생각이 들기도 한다. 엄숙이나 근엄 등과는 거리가 먼 중국 사회의 일반적인 분위기와, 그 속에서 "오로지 돈돈돈!", "돈을 위해서라면 뭔들 못하겠소!"라며 돈벌이 삼매경에 빠져 살다시피 하고 있는 중국인들을 보면 사회주의국가의 사람들이라는 생각이 도저히 들지 않기 때문이다. 여기서 잠깐 중국인들의 남다른 '돈 사랑'에 대해 좀 더 알아보도록 하자.

중국인들의 유별난 돈 사랑 앞에서는 그들이 그렇게 중시한다는 체면 또한 기를 펴지 못한다. 중국인들은 돈을 벌기 위해 체면이고 뭐고 관계없이 수단과 방법을 가리지 않기 때문이다. 이러한 그들은 '사회주의'니 '계급독재'니 '프롤레타리아' 등과 같은 사회주의 용어 등에는 아예 관심조차 없다. 그러다 보니, 중국에서 생활하는 가운데 '아,

중국이 정말 사회주의국가가 맞는가 보구나!' 하는 생각이 들 때는 거의 없다. 있다면, 마치 우리의 민주화 이전 시대의 뉴스를 연상시키는 중국의 TV 뉴스, 특히 정치 뉴스를 보도할 때의 딱딱한 분위기 정도에 불과하다. 이러한 이유 등으로 인해 재중 한국인들은, 한국에 있을 때는 중국이 잔뜩 경직되고 자유롭지 못할 것이라 생각했었는데 막상 중국에 와서 보니 사실은 그렇지 않다며 의아해 하기도 한다.

이를 고려하여, 한 가지 돌발적(?)인 제안을 하고 싶다. 다름 아닌 오늘날의 중국에 대해 보다 더 제대로 이해하고 또 더 깊이 있게 다가가고자 한다면, 중국은 사회주의국가라는 인식을 버리자! 또 중국은 사회주의국가가 아니라고 인식하자. 이로 인해 딴지 걸기 좋아하는 분들로부터 "뭐야, 그게 말이나 돼?" 하며 태클이 들어올 수도 있겠는데 그러면 더 좋다. 그 분들과의 생산적인 토론이 또 다른 토대가 되어 결과적으로 중국에 대한 우리 사회 전반의 인식이 한 단계 더 적확하게 업그레이드 될 수도 있기 때문이다.

물론, 중국은 사회주의국가가 맞다. 하지만, 현재의 중국은 과거 20세기 냉전시기에 출현했던 정치, 경제 전반적으로 무겁고 경직되었던 사회주의국가와는 퍽 다르다. 그럼에도 불구하고 우리는 중국이 사회주의라는 '어감'의 덫에 빠져 과거의 경직된 사회주의국가와 같이 오인하고 있다. 이로 인해, 오늘날 그 어느 자본주의 시장경제 국가보다도 더 자본주의적인, 자본주의의 최첨단을 걷고 있다시피 하고 있는 이 나라에 대해 너무나도 잘못 이해하고 있다. 이는 오늘날 중국에 대한 우리의 적확한 이해와 그 중국으로의 제대로 된 접근 등을 고려할 때 매우 바람직하지 않다.

그러므로 '중국은 사회주의국가'라는 인식을 조금 다르게 바꾸도록 하자. 사회주의라고는 하지만, 사실은 '중국인과 중국 사회 또한 우리와 다를 바 없다!'는 식으로 인식을 전환하자. 동일한 자유민주주의 시장경제 국가라도 국가의 상황 등에 따라 한국이나 미국, 일본, 인도 등의 정치, 경제 제도 등이 조금씩 다른 것처럼, 중국 또한 중국이 처한 상황에 따라 우리와 다른 면이 있을 뿐이라고 생각하는 것이다. 이렇게, 과거 중국의 역사 발전 시기의 필요에 따라 지니게 된 하나의 명분에 지나치게 좌우되지 않도록 하자. 그렇게 되면, 단언컨대 중국 및 중국 사회에 대한 우리의 경직된 인식이 지금보다는 훨씬 더 완화될 것이다. 또, 중국인들과의 교제 또한 그만큼 더 부드럽게 될 것이다.

중국은 왜 억울한가?

우리 사회에서는 아직도 '중국은 북한 편'이라는 인식이 강하다. 북한이 무슨 일을 저지르더라도 항상 북한 편만 들어준다는 인식이 지배적이다. 이로 인해, 중국에 대해 못마땅해 하며 성토하기도 한다. 그러면서 "역시 중국은…" 하며 그런 중국에 대해 불만을 느끼고 심적인 거리를 두게 되는 것이다. 하지만, 중국은 바로 이와 같은 점에 대해서도 적잖이 억울해 하고 있다.

중국도 북한이 언제 어디로 튈지 모르는 럭비공처럼 극히 예측 불가한 존재임을 잘 알고 있다. 아울러 정권 유지 등을 위해서라면 자신의 고모부조차 가차 없이 숙청해 버리는 극악무도한 존재임도 잘 알고 있다. 그렇기 때문에, 북한이 어떠한 '도발'을 저지르고 이에 대해 미국이나 국제사회에서 비난하며 제재 조치 등을 취할 때는, 중국 당국자의 토로처럼, 중국 또한 속으로는 몹시 동참하고 싶어 한다. 하지만 불행히도 그러한 마음을 있는 그대로 표출하기가 쉽지 않다. 그러다 보니, 속 다르고 겉 다른 표리부동한 모습을 보이게 된다. 이를 보고 우리를 비롯한 국제사회는 "중국은 또!", "중국, 쟤네들은 정말 왜 그래?" 하며 또 다시 중국에 대한 비난에 열을 올린다. 하지만, 그래도 중국은 참아야 한다. 그 속에서 울화병만 커져 간다. 그래서 중국은 또 억울하기만 하다.

그렇다면, 중국이 왜 억울하다는 것일까? 이에 대해 2013년 12월 북한에서 자행된 김정은의 고모부 장성택 숙청 건을 예로 들어 알아보도록 하자.

당시 전격적으로 이뤄진 장성택의 처형에 대해 중국은 한마디로 경악을 금치 못했다. 먼저, 중국 당국자들의 전언에 의하면, 당시 시진핑 주석을 비롯한 중국의 최고 지도부 7인은 모두 분노에 치를 떨었다고 한다. 중국의 입장에서는, 이미 최악이라 할 정도로 나빠진 북중 관계에서 그나마 북한의 대화 창구였던 친중파인 장성택을 전격 처형한 것은 "중국은 안중에도 없음을 의미하는 것이 아니고 무엇이 겠는가!"라는 것이다. 중국 최고 지도부의 이와 같은 반응은, 중국의 민심과도 크게 다를 바 없었다. 중국의 민심 또한 "저런 저런, 김 씨 가문의 저 3대 뚱땡이 하는 꼴 좀 보소!" 하며 김정은의 처사에 대해 더할 나위 없이 흉흉했던 것이다.

하지만, 이러한 속내와는 달리 겉으로 드러낸 중국 당국의 반응은 지극히 냉정했다. 국제사회가 모두 깜짝 놀라며 대북 영향력이 최대라고 일컬어지는 중국의 반응을 예의 주시했는데, 중국은 외교부 대변인을 통해 "북중 관계는 변함없이 우호 기조를 이어갈 것"이라고 발표하는 데 그친 것이다. 이로 인해 국제사회는 중국에 대해서 또 다시 실망하며 성토하기에 이르렀다.

그러면, 중국 당국은 왜 속과 다른 말을 함으로써 북한을 감싸는 듯한 오해를 자초한 것일까? 그러면서 왜 억울해하며 속만 태우는 것일까? 이는 바로 북한에 대한 중국의 남다른 처지에서 비롯된다. 즉, 중국은 북한에 대해 다음과 같은 두 가지 이유만으로도 솔직한 심정을 그대로 드러내기가 쉽지 않다.

첫째, 현재의 중국에 있어 북한은 계륵과도 같은 존재이기 때문이다. 다시 말해, 북한이 아무리 애물단지라 해도 중국이 처한 동북아의 국제 정세를 고려할 때 북한은 아직까지도 어느 정도의 전략적 효용 가치를 지니고 있다. 자신들의 목을 조르는 데 혈안이 되어 있는 미일 양국을 고려하더라도, 짜증 나는 북한이긴 하지만 무시할 수는 없는 것이다.

다음으로, 중국은 북한과 국경을 접하고 있기 때문이다. 실제로 북중 양국은 두만강과 압록강 등을 사이에 두고 1,000km에 달하는 접경을 두고 있다. 그런데 이 접경이라는 것이 물길이 약할 때는 바지를 무릎까지 걷어 올린 채 쉽게 건널 수 있는 얕은 개울 같은 곳도 적지 않다. 이로 인해 중국은, 북한 내부에서 심상치 않은 일이 발생하여 대량의 난민이 발생하거나, 혹은 험악한 북중 관계로 인해 북한이 야간에 의도적으로 특수부대 등을 중국으로 밀파하여 중국 사회를 교란하거나 주요 시설물 파괴 및 요인 암살 등을 자행할 때는 걷잡을 수 없는 혼란에 빠지게 된다. 이는, 그렇지 않아도 계속해서 쌓여만 가고 있는 국내문제 및 국제문제, 그리고 국경문제와 같은 '3국 문제' 등으로 골치 아픈 중국으로서는, 상상하고 싶지도 않은 시나리오가 아닐 수 없다. 이처럼, 국경을 맞대고 있다는 이유만으로도 북한으로부터의 다양한 직간접적 위기와 도발 등에 직접적으로 노출되어 있는 남다른 불행한 처지로 인해 중국은 북한에 대해 참고 또 참을 수밖에 없는 것이다.

역지사지하게 되면 비로소 그 상대를 더 잘 이해할 수 있게 된다. 놓여 있는 상황이 다르면 외부의 기대와는 다른 행동을 취할 수도 있는 것이다. 북한에 대한 중국의 표리부동은 바로 이와 같은 이유 등으로부터 비롯되고 있다. 그렇기 때문에 국제사회에 대해 곱지 않게 비춰지며, 또 오해받는 억울함이 있더라도 어쩔 수 없이 속 다르고 겉 다르게 행동하곤 하는 것이다.

하지만 이와 관련하여 우리가 간과해선 안 될 것이 또 하나 있다. 바로, 중국인들은 한 번 뒤틀리면 뒤끝이 정말 오래간다는 점이다. 대륙의 후예라지만, 한 번 서운히 여기게 되고 또 그것이 쌓여 가면, 정말이지 밴댕이 소갈머리처럼 되어 훗날을 기약한다. 겉으로는 유화적인 모습을 취해 보인다 해도, 속으로는 앙갚음의 칼날을 가는 것이 가혹한 중국의 역사 속에서 배태된 중국인들의 일반적인 특징 중 하나이기 때문이다. 이를 고려할 때, 현재의 북한 당국은 매우 커다란 위험을 자초하고 있다 할 것이다. 중국이 언제 어느 순간 어떤 식으로 쌓인 응어리를 풀고 나설지 모르기 때문이다.

중국 창업,
중국 대륙은
한국에게는 보물단지

03

기회란 포착되어
활용하기 전에는
기회인지조차 알 수 없는 것이다.

마크 트웨인 Mark Twain

Chapter 01

중국 시장,
한국에게는 보물단지다

중국 비즈니스 환경 악화,
우리에겐 '위기'보다는 '호기'

중국에서 한국 드라마 〈별에서 온 그대〉가 폭발적인 인기를 끌었다. 〈베이징청년보〉는 중국판 트위터인 웨이보微博 계정에 "중국 인터넷에서 〈별에서 온 그대〉의 동영상 재생 횟수가 10억 회를 돌파하는 등 중국에서 한국 드라마의 인기가 다시 시작됐다"고 호평했다. 드라마 덕에 중국 대륙이 '치맥'의 열풍에 빠지기도 했다. 여기서 잠깐, 물론 중국인들도 치킨을 먹는다. 하지만, 단순히 맥도날드나 KFC 등의 패스트푸드점에서 간단히 먹는 수준이었다. 그러한 중국인들이 치킨과 맥주를 곁들여 먹는 한국식 문화를 알게 되었다. 그러면서 한가로이 노닐던 중국 대륙의 닭들 사이에 비상이 걸렸다. 어느 날 흘러들어 온 생뚱맞은 한국식 치맥 문화로 인해 급작스런 대량학살사태를 맞게 된 것이다. 실제로 중국에 진출한 한국의 치킨 전문점들은 느닷없는 대박을 맞게 되었다. 조류인플루엔자가 발생한 상황임에도 불구하고 닭고기 소비가 오히려 평상시보다 훨씬 더 증가할 정도의 급작스런 호황에 즐거운 비명을 지르게 된 것이다.

다양한 요인으로 인해 중국 비즈니스 환경이 악화되고 있다고 한다. 하지만 한편으로는 철수했던 외국 기업들이 중국으로 회귀하거나 새롭게 진출하는 기업들도 끊이질 않고 있다. "아무리 그래도 오늘날의 비즈니스는 역시 중국"이고 "중국의 비즈니스 장벽 극복이야말로 글로벌 비즈니스의 경쟁력 강화"라는 것이다. 오죽하면 '미국에서 꿈을 꾼다'는 아메리칸드림American Dream이, 현재는 "중국 대륙에서 아메리칸드림을!"이라는 내용의 〈American Dream in China(中國合伙人)〉란 영화로 대히트를 치기도 했겠는가!

한편, 박근혜 정부는 경제 정책의 주요 키워드로 '창조 경제'를 내세웠다. 기존의 산업군에 창의력 등을 더함으로써 새로운 성장 동력을 가꿔 나가자는 것이 그 핵심인 것 같다. 이렇게 볼 때,

창조 경제를 위해서는 '새로운 발상'과 '사고의 전환' 등이 매우 중요하다. 그런데 이러한 발상의 전환은, 중국을 대하는 우리의 자세에도 필요하다. 중국을 새롭게 바라보면 중국이 새로운 기회임을 알 수 있기 때문이다.

2013년 3월, 중국의 양회에서는 경제 분야와 관련되어 도시화, 친환경 및 IT 융합 등을 통한 민생 개선과 공정 사회 건설이 강조되었다. 2014년 3월의 양회에서도 가장 많이 언급된 키워드는 바로 경제와 발전, 그리고 개혁과 공정 사회 건설이다. 이는 곧 향후의 중국은 '양적 성장'보다는 '질적 발전'을 위주로 할 것임을 예측하게 하는 것이다. 이처럼 시진핑 주석의 중국호는 인민들의 보다 더 안심할 수 있는 삶과 보다 더 수준 높은 삶에 최우선적 방점을 두고 있다. 그렇다면 중국의 이러한 지향점이 우리에게 의미하는 것은 무엇이며, 우리는 이러한 중국을 어떻게 대하면 좋을까?

대한무역투자진흥공사KOTRA의 전망에 의하면 중국 내 반일 감정으로 인한 일제 불매운동 덕에 한국 기업들은 약 6조 원 이상 되는 반사이익을 얻을 수 있다. KOTRA의 이러한 분석은, 비즈니스 환경이 악화되고 있다는 중국에서 어쩌면 우리 한국은

위기보다는 기회의 요소가 더 많을 수 있음을 시사하는 하나의
예라 할 수 있는 것이다.

실제로 중국 진출 컨설팅 등을 통해 중국에서 직접 느끼고 있
는 바에 따르면, 한국 기업들에게는 중국 비즈니스 환경의 악화
가 다음과 같은 이유 등으로 인해 오히려 중국 시장에서의 경쟁
력 강화와 점유율 확대 등을 위한 '호기'로 작용할 수 있다.

먼저, 중국에서 우리에 대한 인식은 다른 나라들에 대한 인식
보다 훨씬 좋기 때문이다. 중국에서는 아직도 경제에 대한 정치
의 영향이 강하다. 이 상황에서, 예를 들면 중일 사이의 대립 격
화 등은 중국 진출 일본 기업 및 일본 제품에 대해 적지 않은 영
향을 끼치게 된다. 실제로 중국 최고의 일본 전문가로 꼽히는 상
하이교통대학교의 한 중국인 교수는 "한국 제품은 앞으로도 일
본 제품의 대체제로 큰 수혜를 볼 것이다"라고 분석하고 있다.
그 속에서 일본 기업들 중에는 중국에서 이렇다 할 부정적 인식
이나 반감이 거의 없는 우리를 보고 부러워하는 곳도 있다.

다음으로, 중국 및 중국인에 대한 정서적 접근이 다른 나라 사
람들보다 훨씬 용이하다는 점이다. 동일한 유교 문화와 전통, 그

리고 관습 등의 영향으로 인해 우리는 중국인들에 대해 다른 어느 나라 사람들보다도 더 친근한 정서를 지니고 있다. 그 덕에 우리는 실제로 그들과 남다른 친밀감으로 지낼 수 있다. 바로 이러한 점은, 중국 비즈니스의 최대 난제 중 하나로 대두되고 있는 인사노무 및 반외세 정서 문제 등과 관련되어 우리에게는 매우 유리한 부분이 아닐 수 없다.

세 번째로, 중국에는 타국 기업들이 갖지 못한, 그래서 그들이 부러워하기도 하는 우리만의 소중한 존재가 있다. 조선족들이 바로 그들이다. 조선족들은 우리와 같은 한민족이지만 중국 국적의 중국인이다. 하지만 중국의 관습과 문화 등에 대해 우리보다는 훨씬 더 잘 알고 있고 우리의 문화 및 관습 등에도 익숙한, 그야말로 한중 양국의 매개와도 같은 존재이기도 하다. 이러한 이유로, 그동안 우리의 중국 진출은 타국 기업들보다 상대적으로 용이했다. 그들은 앞으로도 중국 비즈니스에 있어서 우리의 천군만마와도 같은 존재가 될 수 있다. 이를 고려할 때, 우리는 그들과의 관계를 더 소중히 하며 감사하는 가운데 윈-윈을 위해 더 노력할 필요가 있다.

한편, 우리 사회에서는 '중국' 하면 불량식품이나 짝퉁, 무질서와 환경오염 등과 같이 주로 부정적 측면을 먼저 떠올린다. 그렇다면 이에 대해 정작 중국인 자신들은 어떻게 생각하고 있을까? 그들 또한 자국의 이러한 현상에 대해 말할 필요도 없이 매우 심각하게 생각하고 있다. 시진핑 주석의 중국호가 '안심할 수 있는 삶' 등을 국정의 최우선 목표로 설정하고 나선 이면에는 바로 이처럼 임계점을 향하고 있는 민심을 더 이상 좌시할 수 없었던 이유도 작용한 것이다. 그런데, 이와 같은 중국의 민심 또한 다음과 같은 측면에서 우리에게는 중국 진출을 위한 남다른 호기이기도 하다.

먼저, 중국 기업들의 기술 수준은 중국정부가 추구하는 수준 높은 삶 등을 충족시키기에 아직은 미흡하기 때문이다. 이는 일반 중국인들 사이에서 팽배되어 있는 "국산이니까…", "국산은 아직 안 돼…"라는 인식으로도 잘 알 수 있다. 이를 고려할 때, 2014년의 양회에서도 그 중요성이 한층 더 강조된 친환경 및 서비스 분야, 그리고 IT 등에서 강점을 지닌 우리들의 중국 진출 기회는 그만큼 더 탄력을 받을 수 있는 것이다.

다음으로, 중국의 급격한 임금 인상 또한 달리 생각해 보면, 중국 진출의 여력이 그만큼 더 증대될 수 있음을 의미하는 것이기도 하다. 임금 인상은 곧 소득 증가를 의미하며 소득 증가는 더 많고 더 다양한 소비의 증가도 초래한다. 그런데 이는 '구입하고 싶고 또 더 좋은 것으로 바꿔 지니고 싶은' 이미지를 굳히고 있는 우리 제품들에게는 그만큼 유리하게 작용할 수 있기 때문이다.

이처럼, 중국 정부가 지향하는 정책이나 중국의 민심 등은 중국에 대한 우리의 남다른 기회의 요소를 한층 더 높이고 있다. 이를 고려하더라도 우리는, 중국을 바라보는 기존 우리의 시각을 창조적으로 전환할 필요가 있다. 그럼에도 불구하고 중국에 대해 계속해서 낙후되고 후진적인 모습을 위주로 떠올린다면 당신은 옆에 위치한 거대한 '고물단지' 때문에 계속 스트레스만 받을 것이요, 시각을 달리하여 기회를 더 많이 본다면 당신은 옆에 위치한 거대한 '보물단지'에서 온갖 보물을 캐내는 트레져 헌터가 될 것이다. 명심하자. 당신 옆에 고물단지를 둘 것이냐 보물단지를 둘 것이냐는 철저히 당신 자신의 마음가짐에 달려 있다.

믿음이 부족하기 때문에
도전하길 두려워하는 바,
나는 스스로를 믿는다.

무하마드 알리|Muhammad Ali

성공적인
중국 창업을 위한 전략

모든 것은
나에 의해 좌우된다

현재 중국에서는, 우리 한국인들의 창업 기회가 무르익고 있다. 예를 들면, 한류의 파급효과가 중국인 소비자들의 실질적인 구매행위로 이어지게 하는 '경제한류' 현상이 정착되고 있다. 그 덕에 한국 화장품이나 식품, 의류 등이 큰 수혜를 입고 있으며, 스마트폰 앱 등의 IT나 이벤트 기획, 택배물류 등과 같은 서비스 분야 또한 우리의 앞선 기술력과 경쟁우위 등을 바탕으로 중국 창업의 경쟁력을 한층 더 강화하고 있다. 이를 입증하듯, 2014년 2월 베이징 무역관이 개최한 '중국 소자본 창업 설명회'에서는, 우리 한국인들의 소자본 창업 유망 업종으로 의류패션과 화장품, 식품 등과 같은 생활소비재 및 IT, 이벤트 기획 등과 같은 서비스 분야 등이 대거 제시되기도 했다.

하지만 중국에서 잘나가는 한류 등만 믿고 과거의 중국 진출 초기와 같은 '돈키호테식 진출'이나 '묻지마 투자'를 재연해서는 안 된다. 그렇다면 성공적인 중국 창업을 위해서는 어떠한 점들에 유의해야 할까?

그 첫 번째로는 무엇보다도 '나와 중국, 그리고 중국 진출' 등에 대한 깊은 성찰을 꼽고 싶다. 중국 내수시장의 급성장 및 '한국 것'과 '한국적인 것'에 대한 전례 없는 호감 등은 우리의 소자본 중국 창업이 유례없는 호기를 맞이한 것을 시사하는 것이 맞다. 하지만, 그렇다고 중국의 기회가 모든 사람에게 다 동일하게 해당되는 것은 아니다. 아무리 좋은 기회라 하더라도 준비되지 않은 사람에게는 별 소용이 없다. 아니, 오히려 무턱대고 뛰어듦으로써 큰 낭패를 자초할 수도 있다. 그러므로 중국 진출에 앞서 최소한 나는 중국에 대해 얼마나 잘 알고 있고, 나의 중국에 대한 경쟁력은 얼마나 되며, 아울러 나의 실제적인 중국 진출 여력은 얼마나 되는지 등에 대해 먼저 냉철하게 따져볼 필요가 있다.

L군은 "난 아직 젊으니까 뭐든지 할 수 있다!"는 진취적인 자세로 중국 창업의 문을 두드린 케이스다. 한국에서 대학을 졸업하고 2년 정도 직장생활을 하던 중, 중국 창업의 기회를 접하며 "평생을 회사의 부속품으로 눈치 보며 지낼 바에 지금 한번 멋지게 내 인생을 다져보자!"고 전격적으로 퇴사하고 중국 대륙으로 찾아 온 것이었다. 물론 그의 적극적이며 신속한 행동 등은 훌륭하지만, 중국 창업에 대한 실질적인 준비는 너무나 미비하였다.

　처음 상담 시, "어떠한 업종을 생각하느냐?"는 질문에 "영업 하나 만큼은 자신 있으므로 뭐든지 할 수 있다!"며 "아직 젊으니까 이곳 중국 현지에서 잘 찾아보면 되지 않을까 생각한다"고 덧붙였다. 이에 L군이 열거하는 몇 분야의 멘토 분들을 소개하며 만나 보라고 연결시켜 주었다. 이후, 그는 매우 왕성하게 다양한 멘토 분들을 만나고 다녔다. 그러면서 중간 중간에 나와도 만나며 그간의 진척 사항 등에 대해 들려주었다. 하지만 L군은 상당한 기간이 지났음에도 불구하고 아직까지 창업 업종조차 선정하지 못하고 있었다. "이 분을 만나면 이 분야가 좋을 것 같고, 저 분을 만나면 저 분야가 더 좋을 것 같아 결정하기 쉽지 않다"는 것이었다.

그뿐만 아니라, 그가 만나고 다녔던 멘토 분들에게 들은 바에 의하면 L 군은 "적극적이고 의욕적이지만, 이렇게 말하면 이리 흔들리고 저렇게 말하면 저리 흔들리는 등 중국 창업에 대해 너무 막연하게 생각하고 있는 것 같다. 열심히 하기만 하면 잘될 것이라는 안타까운 환상 속에 있는 것 같은데 적잖이 우려스럽다"고 하였다. 그 과정에서 쌓여만 가는 스트레스를 풀기 위해 점점 더 의존하게 된 음주 등으로 인해 그의 심신은 나날이 피폐해져만 갔다. 그러다가 "한 걸음 물러서서 처음부터 다시 생각해 보는 것은 어떨까"라는 제안을 받아들여 일단 귀국하게 되었다. 아무 준비 없이 무작정 뛰어든 탓에 적지 않은 정신적 물적 대가를 치르고 만 것이다.

다음으로, 철저한 사전조사가 선행되어야 한다. 이는 창업 규모와 관계없이 꼭 필요하다. 그런데 유감스럽게도 우리 한국인들은 이를 무시하거나 대강대강 하려는 경향이 유독 강하다. 사전조사만 제대로 진행한다면 중국 진출의 리스크를 현저히 줄일 수 있음에도 불구하고 이를 간과하고 있는 것이다. 이로 인해, 소규모의 무역업부터 음식업이나 IT, 의류업 등 다양한 분야에서의 창업을 꿈꿨던 사람들이 고배를 마시고 귀국하는 사례가 아직도 끊이질 않고 있다.

이와 관련, 중국은 법인 설립 과정이나 제품별 인증 및 관련 규정 등이 우리와 매우 다르다. 이에 더해 창업에 대한 지원이 상대적으로 미비하고 외자기업에 대한 세제혜택 축소 등으로 인해 진입장벽도 높은 편이다. 그뿐만 아니라, 상호 등록, 출자금 납입, 지적재산권 출원 및 법원 등기 이후 인허가 문제 등도 그 절차가 우리와 많이 다르다. 그러므로 중국 창업과 관련된 금전적 손실과 시행착오 등을 최소화하기 위해서도 기본적인 사전조사는 착실히 진행해야 한다. 다시 한 번 밝히지만, 철저한 사전조사의 결여야말로 중국 창업에 있어 우리 한국인들의 최대 실패 요인임을 잊지 말자.

사전조사 결여와 관련된 사례는 일일이 열거하기 힘들 정도로 많다. 그동안 내가 직접 접해온 사례만 해도 자영업이나 중소기업은 물론 이름만 들어도 알 만한 대기업에 이르기까지 무수하다. 그러면 우리는 왜 사전조사라는 매우 중요한 프로세스를 경시하고 있는 것일까? 그 원인은 조급함과 안일함 등에서 찾아지지 않을까 생각된다. 중국 현지에서 다양한 나라 사람들을 만나다 보면, 우리나라 사람들은 "거대한 중국 시장을 남들이 먼저 차지하기 전에…"라거나 "안 되겠다. 더 늦기 전에 지금이라도!"라는 조급함이 유독 강한 것 같다. 그러다 보니 "사전조사는 무슨, 뛰어들어 직접 하다 보면 다 될 것을 가지고…"라거나 "한국에서도 그런 것 없이 다 잘해 왔는데 뭘, 중국에 가서 조금만 물어보면 웬만큼 알 수 있을텐데 뭐…" 하는 안일함으로 빠져들게 된다. 하지만 아무리 급하다 해도 맨몸으로 전쟁터에 뛰어든다면 그 결과는 과연 어떨까? 또한 한국에서는 아무리 잘나갔었다 하더라도 언어나 관습, 문화를 비롯한 거의 모든 것이 낯설고 다른 중국에서도 그것이 과연 얼마나 잘 통할까? 중국으로 진출한 우리나라 사람과 우리나라 기업의 실패율이 남달리 높은 것도 어쩌면 철저히 자업자득인 당연한 귀결일 수도 있는 것이다.

세 번째로 중국의 다양한 창업사례에 대한 벤치마킹을 생활화하자. 이와 관련, "타산지석이 중국 진출 성공의 지름길!"이라고 강조하고 싶다. 사실, 중국 진출과 관련된 정보는 이미 충분하다. 우리 기업을 포함한 외국 기업의 중국행은 벌써 오래 전부터 있어 왔으며 그 과정에서 중국 비즈니스와 관련된 웬만한 일들은 중국 진출 '선배기업'들의 다양한 선례만으로도 충분히 예측 가능하게 되었기 때문이다. 이렇듯, 중국 진출 환경은, 선례를 접하기 힘들어 실패하기 쉬웠던 과거와는 현저히 달라졌다. 따라서 다람쥐 쳇바퀴 돌 듯 하는 '실패의 굴레'에 빠지지 않으려면, 중국 진출 성공 및 실패 사례 연구에도 적잖이 공을 들일 필요가 있다.

한국에서 영유아용품 관련 비즈니스를 하고 있는 M 씨는 중국에서 한국의 영유아용품이 큰 인기를 끌고 있다는 소식을 듣고 중국 창업에 착수하였다. 중국에도 몇 번 오가며 나름대로 철저히 준비해 왔고 그 과정에서 알게 된 한 조선족 K 씨의 도움 덕에 창업 준비는 순조롭게 진행되었다. 이후, M 씨는 계획대로 점포를 차리고 물건을 한국에서 중국으로 조달하며 비즈니스를 본격적으로 시작하였는데, 그 비즈니스 역시 당초에 기대했던 만큼 잘되는 등 모든 것이 순항 그 자체였다. M 씨의 사업이 무탈하게 잘 진행되기까지는 조선족 K 씨의 조력이 컸기에 M 씨는 그에 대한 사례도 잘 표했고, 앞으로도 더 긴밀히 협력하는 가운데 윈-윈해 나가겠노라고 생각했다.

이후로도 M 씨의 사업은 또 다른 곳에 매장을 새로이 오픈하는 등 그야말로 순풍에 돛 단 듯 하였다. 그러면 그럴수록 M 씨는 더 좋은 아이템 등을 제공하기 위해 한국을 더 부지런히 오갔다. 매장 관리는 듬직한 K 씨에게 맡겼다. 그러다가 어느 순간 M 씨는 매장관리에서 이상을 감지하게 되었다. 이에 K 씨에게 묻자 어딘지 모르게 당황하는 그의 모습을 느낄 수 있었다. M 씨는 주말 사이에 슬쩍 매장관리와 관련되어 샅샅이 조사하였고, 감지한 이상이 현실임을 알게 되었다. 그리고 K 씨에게 자초지종을 캐묻게 되었는데 상황을 감지한 K 씨는 오히려 당당하게 나왔다고 한다. 그러면서 "당신이 이런 식으로 나오면 내 회사에서 당신을 내보내겠다!"는 황당한 말도 내뱉었다.

내 회사에서 당신을 내보내겠다고? 이 얼마나 황당한 말인가? 하지만 K 씨의 말은 최소한 법적으로는 틀리지 않았다. M 씨의 중국 매장은 K 씨의 명의로 중국에서 설립된 중국법인에 속해 있는 것이었기 때문에 법적인 소유주는 M 씨가 아닌 K 씨였기 때문이다. 물론 M 씨는 K 씨와 이면계약을 통해 중국법인의 실소유주는 M 씨 자신이라는 점을 명확히 하였지만, 중국 실정법상 이와 같은 이면계약은 효력을 발휘하지 못하기 때문에 법적 보호를 받지 못한다. 이로 인해 M 씨는 결국 남 좋은 일만 하다 폐인이 되다시피 하여 귀국하였다. 안타깝지만, 이와 같이 법적으로 보호받지 못하는 명의 대여 사례는 과거에 이미 수없이 많이 있었다.

네 번째로, 부지런히 발품을 팔아야 한다. 중국은 광활한 영토에 인구 또한 14억이 넘는다. 게다가 56개의 민족으로 이뤄진 다민족 국가이기 때문에 모든 것이 다르고 또 다른 것이 지극히 자연스러운 나라이기도 하다. 이로 인해 중국은, "일본은 있다" 혹은 "일본은 없다"라며, 단순히 "있다 없다" 차원에서 논란이 전개 되었던 일본과는 차원이 다르다. 중국은, "있다. 하지만 없기도 하다" 혹은 "많다. 많아도 너무 많다"와 같이 매우 복잡다단한 나라이기 때문이다. 이를 통해서도 유추할 수 있듯이, 중국 시장을 제대로 공략하기 위해선 지역마다, 민족마다 그리고 경제발전도 등에 따라 저마다 다른 특색을 띠고 있는 각각의 시장을 부지런히 뛰어다녀야 한다. 머릿속으로는 아무리 많이 알고 있어도 무용지물인 경우가 적지 않다. 구두가 세 켤레 닳을 정도로 동분서주해야 비로소 제대로 된 나의 진출 전략 등이 수립될 수 있음을 명심하자.

한국의 변호사 H 씨는 중국에 대해 매우 박학다식하였다. 중국 관련 서적이 나오면 바로 구입하여 읽었고 인터넷 등에서도 중국 관련 최신 소식이 나오면 바로 읽고 정리해 두는 등 실로 중국과 관련되어서는 모르는 것이 없을 정도였다. 그러한 그에게 한국의 한 중견기업이 중국 진출 관련 컨설팅을 의뢰해 왔다. 이에 그는 그동안 갈고닦았던 자신의 실력을 유감없이 발휘하여 그 기업을 중국에 진출시키고자 최선을 다했다. H 씨는 그러는 과정에서 나에게도 조력을 구하고자 연락해 왔다.

그런데 그를 만나면서 그의 중국에 대한 박학한 지식에 놀라움을 금치 못하는 한편 왠지 우려되는 부분을 느끼지 않을 수 없었다. 그는 중국의 서부 지역으로 진출하고자 하는 고객사의 요청에 따라 자신이 만든 중국 진출과 관련된 중국의 다양한 법과 규정을 토대로 한 제안서 초안을 보여주었다. 그런데 그가 참고한 자료는 대부분이 중국 중앙정부에서 발행한 법 규정 및 그와 관련된 베이징과 상하이의 조례 등이었다. 이에 고객사가 진출하려는 지역은 서부 지역이므로 그곳의 관련 조례 등도 참고할 필요가 있으며 게다가 현지의 독특한 문화나 관습 등도 조사하여 더 꼼꼼하게 반영할 필요가 있다고 조언해 주었다. 이에 대해 그는 "중앙정부의 유관 규정에다가 수도인 베이징과 최대의 경제 도시인 상하이의 관련 규정 등이면 충분하지 않을까"라며 불쾌한 기색을 보였다.

오늘날 중국의 법 규정, 특히 비즈니스 관련 법 규정 등은 전 세계에서 가장 잘 구비되어 있다고 해도 과언이 아닐 것이다. 문제는 이러한 규정 등이 현실 사회에서 얼마나 잘 적용되고 있는가 하는 점이다. 여러 가지 요소 및 요인 등으로 인해 그러한 법 규정이 중국의 모든 지역에서 통일적이며 실질적으로 잘 적용되는 것만은 아니기 때문이다. 이는 우리가 인정하고 싶건 인정하고 싶지 않건 오늘날 중국의 엄연한 현실이다. 결국, 마지못해 현지에 잠시 머물며 제안서를 보강하게 된 변호사 H 씨는 나중에 고맙다고 연락해 왔다. 그러면서 "그때 교수님의 그 어드바이스를 듣지 않고 그대로 진행하였다가는 큰일 날 뻔했다. 법 규정은 법 규정이고 현실은 현실인 중국, 법 규정과 현실 사이에 엄청난 괴리가 있는 중국의 현주소를 절실히 깨닫는 계기가 되었다"는 말도 들려주었다.

다섯 번째로 '빨리빨리' 서두르다가는 '빨리빨리' 귀국하게 된다. 이 또한 우리나라 사람들에게 유독 많이 나타나는 모습 중의 하나이다. 중국인들의 '시간의 흐름'은 상당히 느리다. 이에 비해 우리의 흐름은 그 어느 나라 사람들보다도 빠르다. 그러다 보니 중국에서 무엇인가를 하려다 보면, "너무 느려 답답하다!", "이러다가는 비즈니스고 뭐고 내가 먼저 속 터져 죽겠다!"며 분통을 터트리는 사람들이 적지 않다. 하지만 착착 진행되는 것이 제대로 없다고 생각되더라도 어쩔 수 없다. 따라서 그것이 중국이고 그 중국에 맞춰야만 비즈니스도 원만하게 전개될 수 있기 때문이다. 그러므로 명심하자. 중국이 나를 위해 존재하는 것은 아니다. 나를 먼저 '중국화'시키는 것이 필요하다.

H 씨는 뭐든지 할 일이 있으면 빨리빨리 해내는 성미였다. 그러다 보니, 간혹 빠트리는 부분 등이 없지 않았지만 주어진 일은 척척 해내는 시원시원한 사람이기도 하였다. 하지만 그는 바로 그와 같은 성격 때문에 중국에서는 엄청난 스트레스에 시달려야 했다. 예를 들면, 한국의 관공서에서는 몇 번 정도 왔다갔다하면 될 일이 중국에서는 몇 달이 걸려도 지지부진하기만 했기 때문이다. 게다가 무엇이 문제인지, 무엇을 더 보완하면 좋을지 속 시원하게 알려주면 좋으련만 그것도 그렇지 않고 두리뭉실, 애매모호하기만 했다. 그러는 가운데 H 씨에게는 심신의 변화가 찾아왔다. 일이 뜻대로 되지 않자 화병에 걸리게 되었고 그 과정에서 답답한 마음을 술로 달래다 보니 아랫배 윗배 모두 불쑥불쑥 튀어나오게 된 것이다. 하지만 그가 이렇게 병든 배불뚝이 아저씨가 되어 가는 과정에서도 중국에서의 업무 프로세스는 느릿느릿 그대로였다. H 씨가 중국을 필요로 하고 있는 것이지, 중국이 그를 필요로 하고 있는 것은 아니었기 때문이었다. 그런데 이와 같은 H 씨의 사례 또한 우리나라 사람들에게서 흔히 보이는 것 중의 하나이다. H 씨가 전형적인 우리나라 사람들과 크게 다르지는 않았기 때문이다.

여섯 번째로 맨땅에 헤딩하지 말자. 모든 것을 혼자 조사하고 알아보며 준비하기에는 중국은 너무 크고 복잡하다. 또한 혼자서 모든 것을 하려다 보면 남들이 훨씬 전에 겪었던 시행착오나 실패 등을 재연하기 십상이다. 혹은 다행히 시행착오 등은 별로 겪지 않는다 하더라도 효율성의 문제에 봉착하기도 한다. 현지에서의 경험 등이 많지 않은 상태에서 홀로 동분서주하는 것과, 신뢰할 만한 '꽌시关系'나 현지 네트워크 등의 조력을 받으며 준비하는 것은 아무래도 다르기 때문이다. 그러므로 적극적으로 조력을 받도록 하자. 이는 한정된 시간과 재원 속에 보다 더 효율을 기하기 위해서는 반드시 필요하다. 하지만 중국에는 내 주머니를 노리는 위험한 사람들도 적지 않다. 따라서 제대로 된 곳을 찾아 이들과의 관계 속에서 보다 더 효율적이며 안전한 진출이 되도록 하는 것이 매우 중요하다.

2년 전쯤인가, 한국에서 음식점을 경영하던 K 씨가 찾아왔다. 중국에서 한국 음식에 대한 인기가 높다는 소리를 듣고 있던 터에 그녀의 음식점에서 일하던 한 중국인 L 씨로부터 "그냥 이대로 중국에 가서 하게 되면 대박 맞을 것"이라는 솔깃한 제안을 들었다고 한다. 이에, 평소 요식업 경영만큼은 자신 있다고 생각하던 그녀는 중국에서 한국음식점을 차려 프랜차이즈 형태로 중국 전역을 석권하겠다는 꿈을 꾸고 중국행을 시도했다.

과연 L 씨 말대로 중국에는 엄청난 기회가 있음을 느꼈다. 상하이에서 가본 한국음식점의 가격은 한국의 서울보다 더 비쌌다. 하지만 중국인들은 전혀 아랑곳하지 않고 한국인들보다도 더 많이 시켜 먹는 것을 확인하며 두근거리는 가슴을 주체할 수 없었다. 이에 그녀는 구체적인 창업 절차는 L 씨에게 거의 대부분을 맡기다시피 하며 귀국하였고, 본격적으로 중국 창업을 준비하였다. 그 중간에 L 씨가 요청한 창업 준비 관련 자금 등은 물론 꼬박꼬박 송금하였고 진행 사항 확인 차 다시 한 번 들른 중국 현지에서는 매장 인테리어 공사가 진행되고 있는 것도 직접 확인하였다. 이후 한두 차례 필요 자금을 더 송금한 뒤 이번에는 불시에 중국 현지의 매장 인테리어 현장을 한 번 더 찾아가 보았다. 그런데 어인 일인지 매장에는 L 씨가 아닌 다른 사람이 있었다. 이에 L 씨는 어디 갔냐며 물어보았지만 그런 사람은 모른다는 대답만 돌아왔다. 그리하여 L 씨에게 전화해 봤더니 평상시처럼 전화를 반갑게 받았는데, "지금 중국의 식당 인테리어 현장에 와 있는데, 당신은 지금 어디에 있느냐? 당신을 모른다니 어떻게 된 일이냐"고 따지듯 물었더니 불현듯 전화를 끊었다. 이후 L 씨와는 전혀 연락이 되지 않았다.

일곱 번째로 구멍가게 마인드에서 벗어나자. 예를 들면, 비즈니스를 위해 전문가나 유관 기구 및 단체 등의 조력을 구할 때는 반드시 그에 합당한 비용을 지불하도록 하자. 공짜로 귀동냥 등에 의존하려다가 더 큰 대가를 치르는 경우가 비일비재하기 때문이다. 공짜와 관련, 중국에는 "공짜 점심은 없다"는 속담이 있고 일본에는 "공짜보다 비싼 것도 없다"는 말이 있다. 이에 비해 우리 한국에는 "양잿물도 공짜라면 마신다"는 참 기가 막힌 속담이 있다. 그래서 그런지, 공짜에 의존하려는 경향 또한 우리 한국인과 한국 기업에게 유독 강하게 나타난다. 하지만 공짜로는 보호받을 수 없다. 술 한잔 사며 얻어들은 정보나 사전조사 등은 무책임할 수 있음을 명심하도록 하자.

한국에서도 '마당발'이라 불려 온 K 씨, 자신과 같이 사교적인 사람은 중국 창업에 있어서도 매우 유리할 것이라고 여기며 여기저기 실로 많은 사람들을 만나고 다녔다. 그러한 그에게 있어 창업 컨설팅을 받으며 지불하는 자문료 등은 전혀 고려 요소가 되지 않았다. "그런 것은 게으르고 남에게 의존하기만 하는 무능력한 사람들이 치르는 것일 뿐"이라 여기며 중국에서 만난 사람들에게 저녁 식사 한두 번 대접하는 가운데 부지런히 정보를 취합해 갔다. 그런데 그 과정에서 그는 점차 혼돈을 느끼게 되었다. 동일한 업종임에도 불구하고 접하는 사람에 따라 들려주는 정보에 적지 않은 차이가 있었기 때문이다. 그리하여 이러다가는 큰일 나겠다 싶은 상황에서 나를 소개받았다. 그 후 나와 내가 소개한 다른 곳과의 상담을 받으며 "돈 몇 푼 아끼려다 정말 큰일 날 뻔했다!"며 가슴을 쓸어내렸다.

K 씨의 사례는 그나마 나은 편이다. 그는 혼돈을 느끼며 화를 당하기 전에 제대로 된 정보를 제대로 취합하기 위한 방법을 찾아 나섰기 때문이다. 다시 말해, K 씨와는 달리 컨설팅 비용이나 자문료 등 얼마 안 되는 푼돈을 아끼기 위해 이리저리 꼼수를 쓰다 결국 돌이킬 수 없는 국면을 맞이하는 사례는 아직도 끊임없이 이어지고 있다.

여덟 번째로 '나는 한국에 있지 않다!', '나는 한국인이 아니다!'는 마음자세도 중요하다. 이와 관련, 중국에서 실패한 한국인들 사이에서 공통적으로 나타나는 원인 가운데 하나로는 바로 '심신이탈 현상'을 들 수 있다. 이를테면, "한국에서는 이렇게 하는데 중국은 뭐 이래!", "우리도 옛날에는 그랬는데. 쯧쯧, 여기는 아직도 그렇구먼"이라는 식으로 신체는 중국에 와 있지만, 마음은 아직도 한국에 남아 있는 듯한 모습에서 벗어나지 못하고 있는 것이다. 이러한 자세는 중국에 대한 적응을 더디게 할 뿐 아니라, 여러 불필요한 문제도 초래하면서 '중국 퇴출'만 가속화시키게 된다.

이에 해당하는 사례 역시 일일이 열거하기 힘들 정도로 많다. 이와 관련 중국에 온 한국인들 중에는 중국인들의 사고와 행동양식 등에 대해 비난하는 사람들이 정말 많다. 하지만 성공적인 비즈니스를 위해서는 중국인을 있는 그대로 받아들여야 한다. 그뿐 아니라 그들과 최대한 비슷하게 되도록 하는 것이 중요하다. 로마에 가면 로마법을 따르라고 하듯이, 중국에서 비즈니스를 하고자 하면 중국인들의 사고와 행동방식 등에 익숙해질 필요가 있기 때문이다. 물론 그렇다고 중국인들의 부정적이고 유감스러운 모습까지 닮도록 할 필요는 없을 것이다. 단지 그러한 점 등을 잘 간파하고 그로 인한 피해를 줄임과 동시에 그러한 모습을 잘 활용하도록 익숙해지면 될 것이다.

이상에서 알 수 있듯이, 성공적인 중국 창업의 핵심은 결국 나 자신에 의해 좌우된다. 실제로 그동안 직간접적으로 접해 온 중국 창업의 성공 및 실패 사례 등에 의하면, 중국 진출 시 최대의 장애는 다름 아닌 바로 '나'로부터 비롯되고 있는 것이 사실이다. 대단한 호경기에도 패자는 있고 대단한 불경기에도 승자는 있기 마련이다. 이를 고려하더라도, 성공적인 중국 창업을 위해서는 무엇보다도 먼저 나 자신이 차분한 '농심農心'의 자세를 지닐 필요가 있다. 부지런히 씨를 뿌리고 애지중지 가꾸는 가운데 노력한 만큼의 결실을 바라는 정직한 자세야말로 바로 성공적인 중국 창업의 가장 근원적인 포인트이기 때문이다.

【중국 창업 선배의 어드바이스】

중국 창업자 P 씨 등

1. 우리나라 사람들은 종종 친분관계를 내세우며 이런저런 상황을 은근슬쩍 넘어가려 한다. 이는 좋게 말했을 때, 우리들의 '믿음'과 '정'이 넘치는 따뜻한 전통과 문화에서 기인된 것이라 할 수 있다. 하지만 중국에서는 사뭇 다르다. 특히, 이런 식의 구렁이 담 넘어가는 듯한 애매한 자세는 비즈니스 측면에서 보았을 때, 공든 탑을 한 번에 무너뜨릴 수 있는 매우 위험한 모습이다. 따라서 아무리 믿을 수 있고 또 가깝게 여겨지는 사이라 해도 비즈니스와 관련되어 확실히 해야 할 부분은 확실히 하도록 하자. 법적 보호가 필요한 부분 등에 대해서도 두말할 나위 없이 확실하게 안전장치를 마련할 필요

가 있다.

2. 확실한 '느낌'이 오는, 소위 말해 '대박' 칠 것 같은 사업 아이템을 발견했다 하더라도 그에 대해 어느 정도는 스스로 검증할 필요가 있다. 직접 뛰어다니는 가운데 주위의 신뢰할 만한 중국인들에게 현지인으로서의 의견 등도 구하자. 가능하면 '블라인드 테스트' 등을 통해 객관적으로 판단해 보는 기회도 만들도록 하자. 그러면, 머리로만 생각했던 것과는 적지 않은 차이가 있음을 발견할 것이다. 시장조사, 상권 분석 등도 마찬가지이다. 앉아서 데이터만 가지고 하는 분석은 실전과 다른 부분이 적지 않을 것이다. 그러므로 밖으로 직접 나가 확인하고 또 확인하자. 이때, 의견을 구하고 또 함께 도와줄 수 있는 중국인 친구들이 없다면 중국 창업에 대한 준비가 아직 미흡하다는 것을 의미하는 것이기도 하다. 그때는 우선 마음을 터놓고 함께 지낼 중국인 친구를 사귀는 데더 신경 쓸 필요가 있다.

3. 비즈니스 확장에 있어 중국의 대도시에서 검증된 아이템을 내륙지역으로 가져가는 것도 하나의 좋은 방안이 될 것이다. 중국 사회의 소비 트렌드나 유행의 지역적 추세 등을 볼 때, 대도시에서 인기를 끈 제품은 내륙지역에서도 그 못지않은 인기를 끌게 됨을 알 수있다. 그러므로 젊고 열정적인 비즈니스맨이라면, 중국 창업 초기

부터 아예 아직은 상대적으로 경쟁이 덜하고 주목도 또한 상대적으로 낮은 내륙 시장 개척을 염두에 두고 움직이도록 하자.

4. 배수진을 친 듯한 현지화도 필요하다. 중국인들은 우수하고 자존심도 강하다. 이러한 그들을 상대로 제품을 판매하기 위해서는, 이제는 단순히 중국 문화를 이해하는 것만으로는 부족하다. 또 한 명의 중국인이 될 필요가 있는 것이다. 물론 그때도 한국 출신의 한국인이 지니는 장점을 잊지 말고 최대한 활용하도록 하자. 현재의 중국은 한국 기업과 한국 제품이 '대세'이기 때문이다. 따라서 '한국출신 중국인'과 같이 되어 그들로 하여금 혹시 모를 '이질감' 등을 최대한 느끼지 않도록 하면서 중국 시장을 석권해 가자. 이런 식으로 기왕 중국 시장으로 진출하고자 했으면 나부터 먼저 화끈하게 바꾸도록 하자.

5. 항상 긍정적인 마인드를 가지자. 모든 것이 다르고 이질적이라 할 수 있는 외국, 특히 중국으로의 진출에는 진취적인 자세가 토대가 되어야 하기 때문이다. 부정적이며 소극적인 자세로는 얻을 수 있는 것조차 얻지 못하게 된다. 성공과 실패의 공통점이 무엇인지 아는가? 성공이란 어떤 일을 함에 있어 좋은 결실을 가져온 것이고, 반대로 실패는 좋지 않은 결실을 가져 온 것이다. 하지만, 양자에는 '결실을 가져 온다'는 공통점이 있다. 이처럼 성공도 실패

도 모두 결실인 것이다. 실패라는 것도 그를 토대로 성찰하면 그만큼 더 나아가게 하는 결실인 것이다. 이를 고려하더라도 긍정적인 마음가짐과 진취적인 자세는 반드시 필요하다. 누구나 탐내는 진주(성공)도 깨끗하지 않은 조개(실패)를 이리저리 잘 살피고 뒤져봄으로써 얻을 수 있음을 잊지 말자.

6. 기회는 기다리는 것이 아니라 자신이 만들어야 하는 것이다. 준비된 자에게 기회는 반드시 온다. 성공한 사람과 성공하지 못한 사람에게는 그 기회를 인지하여 잘 잡았고, 반대로 인지하지 못하여 잡지 못한 차이가 있다. 지금은 '스펙' 사회이다. 그런데 이는 곧 기회라는 것에 대한 준비가 과거보다는 훨씬 더 잘 되어 있음을 의미하는 것이기도 하다. 이렇듯, 오늘날의 우리 청년들은 기회에 대한 준비가 그 어느 때보다도 잘되어 있다. 그렇다면 이제는 기회를 수동적으로 기다리거나 쫓으려고 하기보다는 기회가 왔을 때 낚아채는 과감한 자세 등이 필요하다. 참고로, 나는 대우가 좋은 대기업에 취직할 수 있는 기회를 과감히 버리고 중국 상하이로 건너왔다. 그 무모하게 여겨지는 도전 덕에 상하이에서 다방면으로 많은 기회를 가질 수 있었고 또 그를 토대로 지금은 또 다른 많은 기회를 만들어가고 있는 중이다.

7. 당신은 지금 중국이라는 도저히 이해하기 힘든 나라로의 진출

을 고려하고 있다. 그렇기 때문에 전문가들의 조력이 절실하다. 중국이 어떤 곳인지 아는가? 너무 크고 또 인구도 너무 많아 확실한 것도 없고 확실하지 않은 것도 없는 곳이요, 되는 것도 없고 되지 않는 것도 없는 곳이며, 위에는 정책이 있으며 아래는 대책이 있는 곳이기도 하다. 이렇게 복잡하고 이해하기 쉽지 않은 나라로의 진출을 어떻게 당신 혼자 혹은 주위의 어설픈 선무당 격인 지인들 몇몇과 더불어 감당하려 하는가? 어불성설이요 연목구어 격이다. 그러므로 틈만 나면 전문가들의 조력을 구하자. 그것도 되도록 여러 전문가들의 조언을 구하도록 하자. 너무 넓고 너무 많은 중국을 모두 잘 아는 전문가는 있을 수 없기 때문이다. 이와 같은 자세로 스스로 "이제 이 정도면!" 하는 자신감이 들 때까지 조력을 구하고 또 구할 필요가 있다.

8. 생각을 실천으로 옮길 수 있는 능력도 필요하다. 누구나 한 번쯤 길을 걷다가 무심코 '음, 여기에서는 뭔가를 하면 잘되겠는데…' 하는 생각을 해 본 적이 있을 것이다. 예를 들어 '여기에 커피전문점을 하면 잘되겠다', '베이커리를 하면 잘되겠다'는 생각 말이다. 그러다가 어느 정도 시간이 지난 뒤 우연히 그곳을 다시 지나칠 때 누군가가 그 아이템을 가지고 영업하고 있는 것을 발견하는 경우도 있다. 그때는 곧 '아, 이건 나도 할 수 있었던 건데…'라며 후회하게 될 것이다. 이처럼 성공한 사람은 생각을 실천으로 옮기는 사람이

다. 생각은 누구나 할 수 있다. 하지만 실천으로 옮기지 않으면 아무런 소용이 없다. 좋은 아이디어가 떠올랐다면 바로 행동하자.

시작하는 방법은,
그만 말하고
이제 행동하는 것이다.

월트 디즈니 Walt Disney

중국 창업 수기

여러분은 즐길 준비가 되었습니까?

- 차이나 CS아카데미 원장 최진영

안녕하세요. 중국 최초로 중국인 직원들에게 한국의 CS를 전파하고 계층별 맞춤형 서비스교육을 전개하고 있는 차이나 CS 아카데미 원장 최진영입니다. 저희의 주된 고객은 중국에 진출한 한국의 대기업과 중소기업, 그리고 중국기업이나 병원, 은행, 호텔 등과 같이 서비스교육을 필요로 하는 곳들입니다.

사실, 중국에 대해 아무것도 몰랐던 저도 중국에 와서 그 중국을 직접 보고 느끼는 가운데 창업이란 것을 결정하게 되었습니다. 그 결과 현재는 중국에서 중국 화폐인 빨간색의 인민폐를 당당하게 벌어들이고 있습니다. 그러면 지금부터 저의 중국 창업에 대해 간략히 들려드리도록 하겠습니다.

먼저, 창업 아이템과 관련하여, 저는 직접 생활하는 가운데 불편한 것으로부터 중국의 틈새시장을 찾아보고자 했습니다. 그 결과 몇 가지가 떠올랐는데, 그중에서 가장 유력했던 것이 바로 중국인들의 불친절함이었습니다. '불친절한 중국'이 한국에서 서비스업에 종사했던 저에게는 특히 더 불편한 것이었습니다.

지금은 그래도 많이 좋아졌지만, 몇 년 전만 해도 중국의 5성급호텔 레스토랑의 서비스와 길거리의 노천 식당의 서비스에는 그다지 차이가 없었습니다. 중국 돈으로 500위안짜리(약 10만 원) 음식과 5위안짜리(1,000원) 음식을 먹는데 서비스는 별로 다를 바 없었던 것이죠. 저에게는 이것이 바로 창업 아이템이 되었습니다. 다른 사람들은 이에 대해 불만만 토로했지만 저는 '이야말로 내가 진입할 틈새시장일 수 있겠다!'고 생각했습니다. 그때부터 중국의 다양한 수준의 호텔과 백화점, 병원 그리고 마트나 은행 등을 부지런히 다니며 관련된 모니터링을 전개하였습니다. 그 결과, 중국의 발전 속도에 비해 서비스 수준은 너무 낙후되어 있음을 다시 한 번 확인할 수 있게 되었고 바로 창업을 위한 행동으로 옮겼습니다. 이것이 바로 제가 창업 아이템을 선정하게 된

경위입니다.

다음으로 알려드릴 저의 창업비법은 바로 액션입니다. 현재는 중국에서 CS붐이 일고 있는데요, 몇 년 전의 중국에는 서비스 교육이나 리더십 교육, 워크숍과 같은 전문적인 교육이 일반화되어 있지 않았습니다. 그리하여 사람들은 "그런 일은 아직 중국에서 너무 이르지 않을까"라며 우려했습니다. 하지만 저는 이때가 바로 도전할 적기라고 생각했습니다. 그런 생각을 토대로 저는 바로 액션!, 즉 중국인들을 대상으로 한 직접적인 서비스교육에 나섰습니다. 이때 제가 주로 내세운 마케팅 전략은 바로 '중국에서 인기가 있는 한국과 한국인을 전면에 내세운다!'는 것이었습니다. 당시 중국에서 CS는 생소한 분야였지만 한국에서는 이미 생활화되었고 또한 "한국인이 직접 서비스교육을 한다!"는 식으로 홍보하며 백방으로 뛰어다닌 것이죠. 그 결과, 현재는 경쟁이 치열해진 상황 속에서도 이미 많은 고객사를 확보한 저는 사업을 계속해서 확장시키고 있습니다.

저는 이에 만족하지 않습니다. 사실 우리 회사는 아직 걸음마 단계에 있고 무엇보다도 중국 전역을 다니며 서비스교육을 진행하는 가운데 느껴지는 중국의 무궁무진한 기회가 너무나 매력적이기 때문입니다. 이러한 기회를 생각할 때 제 가슴은 요동치곤 하는데요, 그럴 때마다 저는 앞으로도 계속 중국 전역에 제 이름과 한국의 서비스를 알려 나가리라 다짐하고 있습니다.

중국 창업을 고려하는 분들이 늘어나고 있는 것 같습니다. 그분들께 들려드리고 싶은 마지막 하나는, 중국 창업에 성공하기 위해 필요한 것은 높은 학력이나 돈, 그리고 경력 등이 아니라는 점입니다. 믿어지지 않으시겠지만, 여자 나이 30살에 중국에서 제2의 도전을 시작한 창업자금은 한국 돈 100만 원에 불과했습니다. 그렇다고 제가 중국에 특별한 인연이 있거나 중국어를 상당히 잘한 것도 아닙니다. 제가 갖고 있던 것은 '하겠다!'는 열정과 결정하면 즉시 행동으로 옮기는 실천력 등에 불과했습니다. 하지만, 저는 중국에서 나름대로 새로운 길을 열게 되었습니다. 그리 똑똑하지도 않고 능력이 많지도 않으며 돈 또한 많지 않았던 저에게는 그 대신 긍정적인 사고방식과 무식하게 들이대는 '무대뽀 정신'이 있었습니다. 이를 토대로 저는 움직였습니다. 그러한 저를 보고 사람들은 묻습니다. 창업비결이 무엇인지 솔직히 알려달라고 말입니다. 그때 저는 "그냥 즐기세요!"라고 말합니다. 그리고 이 글을 읽는 여러분께도 말하고 싶습니다. "여러분은 중국에서 즐길 준비가 되었습니까?"

오늘은 어떤 일이 어떻게 전개될까

- 지오유ZioYou 유한공사 대표 신판수

1998년 3월, 한국에서 IT 관련 지오유ZioYou라는 회사를 시작
하였다. 지식을 보유한 사용자가 우리 사이트를 통해 등록하고
판매하는 지식거래 사이트가 주된 아이템이었다. 당시는 IT벤처
의 거품이 한창인 때라 회사의 직원이 많을 때는 50명도 넘었다.
그러나 거품이 꺼지면서 생존을 위한 처절한 몸부림이 필요했
고, 그 과정에서 새로운 제품개발의 필요성을 느끼며 그룹웨어
개발에 착수하게 되었다. 이때부터 우리 회사는 그룹웨어 시스
템 임대업을 시작하였다.

2005년에 한국의 한 기업 A사가 우리 그룹웨어를 도입하였다.
그러다가 A사가 2007년에 중국으로 진출하면서 우리에게 중국
어 그룹웨어의 개발도 의뢰해 왔다. 이를 계기로 우리는 인터넷
을 통해 중국어가 가능한 그룹웨어 분야에도 뛰어들게 되었다.
그러던 중 2008년에는 중국 상하이에서 재중 한국기업을 대상
으로 다양한 상품을 판매하고 있던 B사로부터 중국에서 우리 제
품을 판매하고 싶다는 제의가 들어왔다. 이에 승낙하였고 B사는
곧이어 상하이를 중심으로 우리 제품을 판매하기 시작하였다.

그러다가 얼마 안 지나서 우리에게 기술영업사원도 파견해 줄 것을 요청했다. 중국에서도 곧 그룹웨어 시장이 본격 전개될 것이라는 판단 하에 나온 것이었는데, 2009년 바로 이때부터 나와 중국과의 만남은 비롯되었다.

그런데 2010년 초, B사의 경영환경이 갑자기 급변하게 되었다. 이때, 나도 중국을 포기해야 할지 혹은 신규법인을 설립하여 다시 시작할지 고민하게 되었다. 그 결과 지오유라는 새로운 법인을 설립하였고 그때부터 비로소 중국 시장에 독자적으로 뛰어들게 되었다. 이후, 2010년 후반부터는 본격적인 영업에 들어갔는데 당시의 영업은 주로 재중 기업을 대상으로 한 다음과 같은 3가지 유형으로 진행되었다.

- 인터넷 영업: 중국과 한국의 포털 사이트에서 키워드광고나 블로그광고를 진행하였고, 재중 한국기업이 애용하는 취업 사이트를 통해 이메일을 취합하여 2주 간격으로 메일 마케팅 전개.

- 개척 영업: 재중 한국인 사회의 각종 모임에서 사무국 일을 함과 동시에 전화 등을 매개로 PT 하는 방식의 마케팅 전개.

- 소개 영업: 기존 고객사들의 만족도를 높여 또 다른 고객사를 소개 받는 방식의 마케팅 전개.

사실 이러한 마케팅은, 중국에 먼저 진출해 있던 C사 CFO의 조언에서 비롯되었다. 그에 의하면, 중국 마케팅에 있어 우선적으로 할 것은 '집토끼'를 먼저 잡는 것이었다. 즉 재중 한국기업을 먼저 공략하고 이어서 '산토끼', 다시 말해 중국기업으로 확산시켜 나가라는 것이다. 그런데 이와 같은 마케팅 전략은, 익숙한 재중 한국기업을 우선 공략한 뒤 중국기업으로 확대하며 현지화해 가라는, 지금 생각해도 참 적절한 조언이 아닐 수 없다.

이를 토대로 마케팅을 전개한 결과, 현재 우리의 고객사는 재중 한국기업이 95%이고, 중국기업은 5% 정도의 비율로 구성되어 있다. 또한 고객사 가운데 한국 대기업의 점유율은 18.42%(2012년 한국재계순위 50위, 공기업 제외)에 달한다. 이는 중국뿐 아니라 한국에서도 동종 업계에서는 거의 찾아보기 힘든 실적이다. 이처럼, 우리 회사는 그 어렵다는 중국 진출 초창기에도 큰 어려움 없이 진출할 수 있었을 뿐 아니라 단기간에 급성장한 재중 IT회사로 자리매김하게 되었다. 현재는 이러한 중국 진출 초기를 거치고 사업 아이템을 확장시키기 위한 성장기 속에서 분주한 나날을 보내고 있다.

한편 중국에서는 그룹웨어Group Ware를 OAOffice Automation라고 부른다. 그런데 중국의 OA에는 HR까지 포함되어 있다. 이를 고려하여 조만간 상용화할 목표로 2013년 말부터 HR 개발에 착수하였다. HR 개발이 완료되면 계속해서 중국 기업에 대한 본격적인 마케팅 전략에 돌입할 예정이다.

중국에도 IT 관련 거대한 '공룡기업'이 적지 않다. 하지만 이들의 대부분은 아직까지는 운영 경험이 부족하고 디테일에도 큰 차이가 있으며 임대형(클라우드)시스템 또한 매우 취약한 상태에 놓여있다. 나는 중국 진출과 동시에 동종 업계의 이와 같은 현황 파악에도 줄곧 신경 써 왔다. 그러는 가운데 중국 시장에 대한 우리 회사의 장단점 및 SWOT 분석도 전개해 왔으며 이를 토대로 중국 시장 개척을 위한 중장기 전략도 수립해 왔다. 여기에는, 2014년에는 HR의 개발 완료 및 안정화에 주력하고, 2015년부터는 태블릿 PC 버전을 업그레이드하면서 중국 내 임대형 소프트웨어 분야의 최강자가 된다. 이후, 중국 내 한국기업뿐만 아니라 영어, 일본어 등도 개발하여 중국과 관련된 다른 외국 기업들도 사용할 수 있도록 계속해서 발전해 나가는 전략 등도 포함되어 있다.

나는 매일 아침 일어나면서 '오늘은 어떤 일이 어떻게 전개될까!' 하는 설레는 마음을 주체할 수 없다. 아침을 이렇게 시작하는 자체만으로 이미 충분히 행복하다고 생각된다. 그런데 이와 같은 꿈은 이미 경쟁이 너무 심해져 버린 한국에서는 꾸기조차 쉽지 않다. 하지만 중국은 아직 개척하고 뻗어나갈 여지가 적지 않은 나라이다. 따라서 한국에서의 무한 경쟁에 이미 익숙한 사람들이라면, 중국 시장 공략은 그렇게 어렵지만은 않다고 생각된다. 중국 진출 전략을 잘 세워 한국에서처럼 진취적으로 열심히 매진하기만 한다면 중국에서 미소 짓고 있는 자신을 발견할 수 있을 것이라 확신한다.

앞서 가는 방법의 비밀은
시작하는 것이다.
시작하는 방법의 비밀은
복잡하고 과중한 작업을,
다룰 수 있는 작은 업무로 나누어,
그 첫 번째 업무부터 시작하는 것이다.

마크 트웨인 Mark Twain

칼럼

중국 현지에 '중국진출 지원센터'의 설립이 절실하다

대통령 직속기구인 청년위원회에 의하면, 구직을 준비 중인 20~30대 청년들의 73.4%가 글로벌 취업에 관심을 갖고 있는 것으로 나타났다. 이는 한국능률협회컨설팅에 의뢰해 취업, 창업을 준비 중인 20~30대 청년 1,004명을 대상으로 온라인 설문조사를 실시한 결과이다. 이와 관련, 이들은 글로벌 진출 시의 주된 장애요인으로 언어장벽(44%), 해외생활에 대한 두려움(18%), 치안 등 거주환경(16%), 정보 부족(14%) 등을 꼽았다.

한편, 글로벌 인턴 경험자 345명을 조사한 결과에서는, 글로벌 취업의 의사가 있는 청년의 비중이 인턴사업 경험 전후로 11%

나 높아졌고 글로벌 창업 의사가 있는 청년의 비중 역시 70%나 높아졌다. 이에 대해 청년위원회 위원장은 "고용은 기업을 통해 이뤄지는 것이니만큼 우리 기업의 진출이 활발한 개도국 시장의 일자리 기회를 청년에게 적극 알리는 것이 시급하다"면서 "우리 정부의 글로벌 인턴 사업 등의 증대로 청년들의 개도국 체험 기회를 지속적으로 확대시켜 나가야 한다"고 말했다.

시진핑 주석의 집권 이후, 중국은 고속성장에서 중속성장으로 성장세의 조정국면으로 들어갔다. 그동안 지속되어 온 고속성장의 과실이 중국 전역으로 골고루 분배되지 않아 초래된 문제들을 치유하고자 성장세를 낮추는 대신 분배에 더 역점을 두려고 하는 것이다. 이를 고려할 때, 중국은 당분간은 고속성장에서 소외되다시피 했던 내륙지역의 개발이나 농촌지역의 도시화 및 이들 지역의 삶의 수준 향상에 보다 더 중점을 둘 것이라 전망된다. 그런데 이를 위해서는 기업들의 기술 수준이 그만큼 더 높고 제품의 품질 또한 그만큼 더 좋지 않으면 안 된다. 하지만, 중국기업과 중국제품은 아직 중국정부나 중국인들의 마음을 흡족하게 할 만한 수준에 이르지 못하고 있다. 바로 이와 같은 측면에서 중국인들 사이에서 "가격이 비싸더라도 구입하고 싶고, 또 더 좋은 것이 출시되면 그것으로 바꾸고 싶은" 고품격, 고품질의 이미지를 지니고 있는 우리 제품의 중국 시장 진출은 그만큼 더 탄력을 받을 수 있다.

그럼에도 불구하고, 중국에 진출한 우리 한국인, 한국기업들의 상당수가 중국 진출 초기 리스크에서 벗어나지 못하고 있다. 유감스럽게도 한국인, 한국기업 특유의 '한국인 리스크'의 덫에서 헤매는 가운데 현재와 같은 호기를 제대로 활용하지 못하고 있는 것이다. 실제로 중국에 진출하는 한국인, 한국기업들을 보면, 마치 울창한 밀림 속의 온갖 수풀들에 현혹되어 홀로 정글로 뛰어드는 무모한 어린 사슴이 연상되곤 한다. 중국 진출에 있어서의 최소한의 준비조차 제대로 하지 않은 채, 14억의 시장이라는 허울에 빠져 무방비 상태로 뛰어드는 경우가 허다하기 때문이다. 이러한 우리 기업들에게는 다음과 같은 안타까운 공통점이 있다.

이들은 중국 진출 초기에 적지 않은 비용을 사무실 개설이나 거주지 마련 등에 투입한다. 그리고 의욕적으로 많은 사람들을 만나고 다니며 돈을 쓴다. 그 모든 것이 중국 진출 초기 비용이니 어쩔 수 없다는 것이다. 그러는 가운데, 시간이 지나면서 점차 바닥이 드러나는 '탄환' 걱정에 일을 서두르게 된다. 제대로 준비가 되지 않은 상태에서, 또한 자신이 만나는 사람들이 과연 얼마나 신뢰할 수 있는지도 모르는 상태에서 조급하게 되는 것이다. 이런 식으로 진출 초기의 무모함은 초조함으로 바뀌게 되고 그 과정에서 빨리빨리 하다가 결국 처참함을 맛보게 된다. 그러면서, "아, 역시 중국 비즈니스는 힘들구나!", "중국은 역시 안 돼!"라고 중국만 탓하며 또 하나의 중국 진출 실패사례로 기록되고 마는 것이다.

그렇다면, 어떻게 하면 이와 같이 안타까운 다람쥐 쳇바퀴 도는 듯한 악순환을 최소화할 수 있을까? 이를 위해서는, 물론 중국에 진출하고자 하는 당사자들이 더 착실하게 준비하는 것이 가장 중요하다. 하지만, 우리 정부의 중국 진출 지원정책 또한 보다 더 체계적이며 실질적으로 이뤄질 필요가 있다. 예를 들면, 중국에서 현지의 명문대학이나 책임 있는 민간기구 등과의 협력에 의한 '중국진출 지원센터' 등의 구축도 적극 검토할 필요가 있다. 이를 통해 한국 국내에서의 혹은 중국 현지의 우리 공공기관 등을 활용한 지원보다 훨씬 더 직접적이며 실질적인 지원도 이뤄지도록 하는 것이다. 이렇게 볼 때, 중국에 설립되는 '중국진출 지원센터'는 중국 진출 한국인, 한국기업들을 현지에서 보다 더 직접적이며 실질적으로 지원해 주는 현지의 베이스 캠프와도 같은 역할을 하는 곳이다. 중국 진출과 관련하여 국내에서 아무리 많이 알려주고 강조한들, 막상 중국 현지에 가면 그 도움의 한계가 적지 않은 것이 현실임을 고려할 때 반드시 마련될 필요가 있는 것이다.

이를 토대로, 중국 진출을 추진하는 사람들이나 기업들로 하여금 일정 기간 동안 지원센터 내의 기숙사 등에서 지내도록 하는 가운데 현지의 다양한 실무 전문가 등의 조력을 받도록 연계한다. 그와 더불어, 지원센터에 머무는 동안 진출하고자 하는 분야의 종사자 및 관계자 등과도 접촉하고 다양한 현지조사 등도 꼼꼼히 실행하도록 체계적으로 지원해 준다. 이를 통해, 진출 초기에 현지를 잘 모르는 상태에서 밑 빠진 독에 물 붓듯 하는 사무실 개설비나 거주지 비용 등과 같은 물적 리스크를 최소화하게 한다. 그뿐만 아니라 불건전한 사람들을 만나 안타까운 상황에 처하는 인적 리스크 등도 최소화하도록 하는 가운데 중국 진출을 보다 더 효율적이며 원만하게 총합적으로 지원해 가는 것이다.

한편, 이러한 지원센터는 중국 상하이에 먼저 설립하는 것도 좋을 것이다. '중국 경제의 수도'라고 일컬어지는 상하이는 세계 최대의 항구 도시임과 동시에 중국 대륙에서는 유일하게 자유무역지대로 지정된 곳이기도 하다. 또한, 앞으로 자유무역지대 안에서는 관세 철폐와 외국인·외국기업의 출입 자유화 그리고 화폐유통 자유화 등이 실행되어 갈 것이고 상하이항 배후지역에도 여의도 면적의 약 3.3배에 달하는 자유무역지구가 들어서는 등 계속해서 글로벌 비즈니스를 향한 중국 내 최고의 환경이 속속 조성되어 갈 예정이다. 바로 이와 같은 비즈니스 최적의 환경을 고려하더라도, 중국 진출을 위한 현지의 베이스 캠프는 중국 상하이에 설립하는 것이 가장 적절하지 않을까 생각되는 것이다.

'중국경계론', '중국위협론' 그러면 우리는?

급부상하고 있는 중국에 대해 오늘날의 한미일 3국은 과연 어떠한 시각으로 바라보고 있을까? 또한 중국은 한미일 3각 동맹의 각국에 대해 과연 어떠한 존재인가? 아울러 한미일이 단결하여 '적성국가' 중국을 대하던 20세기 냉전적 관점은 아직도 과연 얼마나 유효할까? 혹은 패권적 지위를 사수하기 위한 미국의 '중국경계론'이나 과거의 '원죄'로 인한 일본의 '중국위협론' 등이 과연 오늘날의 중국을 바라보는 우리의 기본 관점으로서 얼마나 타당할까? 이번에는 이와 같은 것들에 대해 냉철하게 생각해 보도록 한다.

먼저, 21세기 오늘날의 미국은 중국을 어떻게 바라보고 있을까? 오늘날의 미국은, 한마디로 자신의 패권적 지위에 위협이 되고 있는 중국이 곱게 보일 리 만무하다. 실제로 중국의 부상을 저지하기 위한 미국의 견제는 점점 더 견고해지고 있다. 오바마 대통령은 틈만 나면 중국을 향해 "G2답게 글로벌 게임의 규칙을 준수하라"거나 "중국은 인권관을 더더욱 강화해야 한다"며 공세를 펴고 있다. 중국 인근을 중심으로 한 대중국 포위망도, 예를 들면, 베트남전 이후 처음으로 호주의 태평양 연안 군사기지에 미국의 주력 해군을 주둔시키기로 하거나, 아시아에서의 국방비 삭감은 결코 없을 것이라고 단언하는 등 착착 다지고 있다. 이에 더해, 한미 동맹 및 미일 동맹을 강화할 뿐 아니라 중국과 국경 및 영해 분쟁을 전개하고 있는 인도와 베트남, 몽골, 그리고 필리핀 등에 대한 군사지원 및 군사협력 또한 대폭 강화하고 있다.

아울러, 경제 분야에서의 대중국 견제망도, 중국의 아·태자유무역지대 구상을 무력화시키기 위해 환태평양경제동반자협정TPP으로 맞불을 놓는 등 강화시키고 있다. 이러한 오바마 정부의 일련의 행위를 볼 때, "아·태지역을 미국 안보의 최우선 순위에 두겠다"며 '아시아 복귀'를 선언한 것은 다름 아닌 중국을 견제하기 위한 차원에서 비롯된 것임을 어렵지 않게 추측할 수 있다. 이와 같은 측면을 고려하더라도, 오늘날의 미국은 당대 중국에 대해 '중국견제론'과 '중국경계론' 등을 기저로 하고 있다 할 것이다.

그렇다면 일본은 어떠한가? 일본은 중국에 대해 미국보다 더 다급한 입장에 처해 있다. 중국 침략이라는 '원죄'를 지니고 있으면서도 그에 대한 진정한 반성은커녕, 오히려 어리석은 행태를 더해가고만 있기 때문이다. 이로 인해, 중국의 부상이 현저하면 현저할수록 일본 또한 그만큼 더 초조해지며 '중국위협론'의 강도를 더 높여만 간다.

일본의 이와 같은 초조함은, 특히 2013년의 재집권 이래 전개해 온 아베 정권의 행보만 보더라도 잘 알 수 있다. 실제로, 아베 정부의 대외 정책은 '중국위협'과 '미일동맹'이라는 2개의 키워드로 집약될 수 있다. 지난 20여 년 동안 다양한 국가적 재난을 겪는 가운데 국력이 지속적으로 약화되어 온 일본에 비해 중국은 경제성장을 토대로 국력을 지속적으로 강화시켜 왔다. 이 과정에서 일본의 우익 정치인들은 오랫동안 우위를 지켜왔던 중국에 대한 여유를 잃게 되며 중국에 대해 위협을 느끼기 시작했다. G2로 부상한 중국이라지만, 그 처해 있는 국내외적 상황을 볼 때 갈 길이 아직도 멀고도 험난하기만 한 중국에 대해 도둑이 제 발 저리듯 지레 겁을 먹고 있는 격이다. 그러면서, 미국과의 군사동맹 강화 등을 토대로 중국으로부터의 위협에 대처하고자 함과 동시에 중국위협을 명목으로 침략국 일본이 등에 지고 왔던 역사의 굴레로부터도 벗어나기 위해 무모한 우경화 행보를 가속하고 있는 것이다.

이에 비해, 오늘날 우리의 시각은 과연 어떠한가? 현재 중국을 대하는 미일 양국과 우리의 핵심적 국익은 20세기와는 크게 달라졌다. 20세기에는 이데올로기적 대립 등으로 인해 '북·중·러 3각 동맹'에 대항하기 위한 '한·미·일 3각 동맹' 체제가 필요했다. 그 속에서 한국은,

반대편에 서있던 중국과 대립하며 6·25전쟁 때는 서로 총부리를 겨누기도 하였다. 하지만, 그러한 냉전은 이미 1990년대 초에 종식되었다. 게다가, 현재의 중국은 경상수지 흑자의 효자손이 되었을 뿐 아니라 애물단지 북한발 제반 위기 등에 대해서도 우리와 마찬가지로 상시적으로 대비하지 않으면 안 되는 사이가 되었다. 이처럼, 오늘날의 우리는 중국에 대한 견제와 위협을 기본으로 하는 미일 양국과는 달리, 중국과의 원만한 관계와 북한에 대한 긴밀한 공조를 기본으로 하게 되었다. 이로 인해, 과거의 중국에 대해 미일 양국과 항상 하나가 되다시피 취해 왔던 그 관점과 그 접근방식으로는, 오늘날의 중국에 대한 오늘날 우리 국익의 최적화가 쉽지 않게 된 것이다.

외교란 자국 국익의 극대화를 목적으로 전개하는 하나의 전술 행위이다. 따라서 자국이 처한 국제 상황이 변하면 그 변화된 상황에서의 국익 극대화를 위해 외교 행위 또한 그에 적합하도록 변할 필요가 있다. 이와 같은 당연한 이치를 고려하더라도, 이제 우리는 보다 더 현명해져야 한다. 이미 오랜 습관과도 같이, 미일 양국과 더불어 중국을 바라보는 가운데 미일 양국만큼 경계하며 위협적 대상으로 인식해 왔던 과거의 모습은 현실에 맞게 재고되어야 한다. 다시 말해, 이제 우리는, 미일 양국과 같이 중국에 대해 견제나 경계 구도를 기조로 할 필요까지는 없다. 또 우방이기는 하지만 그렇다고 미일과 항상

하나가 되다시피 해서도 곤란하다. 오늘날의 우리에게 필요한 만큼의 합당한 경계와 대비 속에 윈-윈을 추구해 나가면 되는 것이다. 그렇게 되면, 우리에 대한 중국의 자세도 한결 더 우호적으로 바뀌게 될 것이다. 또한 그렇게 되면, 북한 관련, 우리의 기대 등에는 아랑곳 않고 북한 편만 들어주는 듯 했던 중국의 행보 역시 더 많이 달라질 것이다. 이런 식으로 이제 우리는 21세기 오늘날 우리 국익의 최적화를 위한 냉철하고도 정확한 정세 판단과 실용적 접근으로 '중국 윈윈론'을 수립하고 전개해 나가야 마땅하다.

중국이 남북한을 바라보는 시각은?

먼저 중국이 북한을 바라보는 시각이다. 이와 관련, 중국 최대의 싱크탱크이자 국정자문기구인 중국사회과학원은 2014년에 공개한 〈2014년 아시아·태평양지구발전보고서〉에서 "우리(중국)가 자신들을 포기하지 않을 것이라는 북한의 오판을 없애야 한다"는 분석을 내놓았다. 향후 한반도 통일을 포함한 역내평화와 안정 과정에서 한반도 통일이 중국에도 도움이 된다면 완충지대로서의 북한의 전략적 가치도 포기할 수 있음을 시사하는 것이다. 그런데 한반도 통일에 대한 공개토론을 통제하고 있는 중국에서 중국의 최고정책자문기구가 공개적으로 이 예민한 사안을 거론하고 나온 것은 매우 이례적이라

할 것이다.

중국은 우리 한반도의 남북한을 과연 어떠한 시각으로 바라보고 있을까? 먼저, 중국은 북한을 어떻게 바라봐 왔고 그 시각은 지금도 변함이 없을까? 이와 관련, 1949년 마오쩌둥이 지금의 중국을 건국한 뒤 견지해온 대북 시각은, '혈맹', '인내' 그리고 '조정'이라는 키워드로 정리할 수 있을 것이다.

주지하다시피, 20세기의 냉전 시기에 중국은 북한과 '혈맹' 관계를 지녔었다. 당시는 이데올로기를 축으로 한국, 미국, 그리고 일본이 자유민주주의 체제를 옹호하는 이른바 '남방 3각 동맹'을, 반면에 북한과 중국, 그리고 러시아는 공산사회주의 체제를 옹호하는 이른바 '북방 3각 동맹'을 이루며 격하게 대립했다. 이로 인해, 중국은 자연스럽게 북한과 긴밀한 반면, 우리와는 적대시하는 관계를 지니게 되었다.

그런데, 1978년 중국의 개혁개방과 1990년 초의 냉전 종식 등은 북중 간 혈맹 구도에 균열을 초래하였다. 마오쩌둥 사후 집권한 덩샤오핑이 중국을 정치 이데올로기보다는 실사구시적 경제성장 위주로 이끌기 시작한 것이다. 그러다가, 후진타오 주석이 이끄는 중국은 북한에 대해 혈맹보다는 점차 인내해야 할 존재로 인식하게 되었다. 개혁개방에 대해 자심감을 지니게 된 중국은 아직 정신 못 차리는 북한을 달래고 또 다양한 선물도 선사하며 개혁개방의 길로 이끌기 위해 노력했다. 하지만, 북한은 불쑥불쑥 다양한 도발로 응수하며 비난도 서슴지 않는 등 언제 어디로 튈지 모르는 예측 불가한 럭비공과도 같이 변해갔다. 이에 대해, 중국은 속을 꾹 누르며 참아 왔다. 그러나 중국의 전략적 인내에도 불구하고 북한은 도무지 바뀌려 하질 않았다. 오히려 북한의 기이한 행동은 더욱 심해지며 그만큼 더 국제사회의 비난도 초래하였다. 그 과정에서 중국은, 북한에 대한 '최대의 후원자'라는 타이틀로 인해 북한과 더불어 국제사회의 지탄을 받는 존재로 전락했다. 이로 인해, 북한에 대한 중국의 태도는 빠르게 싸늘해져 갔다. 변함없는 우호를 반복하는 표면과는 달리 가까이 하기에 너무 먼 사이로 치닫게 된 것이다. 그래도 온화한 성격의 후진타오 주석의 중국은 북한에 대해 인내하고 또 인내했다.

하지만, 시진핑 주석이 집권하며 드디어 중국은 북한과의 관계에 대한 '조정'에 돌입했다. 온화한 외양의 시 주석이지만, 사실 그는 전임자들과는 달리 매우 단호하고 강경한 성격의 소유자이다. 그러한 그는 주석이 되기 전에 부주석 신분으로 이미 수년간 북한의 안하무인적 태도를 접해왔다. 그러면서 "북한이 계속 정신을 못 차리면!" 하며 벼르고 별러 왔다. 그럼에도 불구하고 북한은 변할 줄 몰랐다.

그러다가 장성택의 전격적인 처형은, 중국 당국자의 표현처럼, "북중 관계를 되돌리기 쉽지 않게 하는 기폭제"가 되었다. 그렇지 않아도 청년 김정은의 집권에 대해 시진핑 주석은, "유학 경험이 있는 젊은 지도자 덕에 북한이 개방으로 나설 것이다"는 국제사회의 기대와는 달리 매우 우려하며 탐탁지 않게 생각했었다. 그런 그가 집권 후 공포정치만 강화하고 있으니 시진핑 주석으로서는 인내의 한계를 느끼지 않을 수 없었을 것이다. 바로 이러한 점들이 복합적으로 작용하여 시진핑의 중국호는 북한과의 기존 관계에 대해 전면적인 조정에 돌입하게 된 것이다. 이를 위해 그동안 중국 사회에서 견지해 온 북한에 대한 인식도 바꾸기 시작했다. 그 한 예가 바로 "중국이 6·25전쟁 당시 북한을 도와 중국군을 파병한 것은 중대한 실수였다"는 정반대의 평가이다. 이는, 중국이 혈맹관계였던 북한에 대해 "더 이상 미련은 없다!"고 한, 실로 엄청난 선언이 아닐 수 없다.

그럼에도 불구하고 우리 사회에서는 아직도 북중 관계는 '혈맹'이요, '특수 관계'라고 인식하고 있다. 솔직히, 참 기가 막히지 않을 수 없다. 중국이 우주 저편의 은하계에 있어 가기 쉽지 않아 아직도 잘 알려지지 않은 소행성도 아닌데, 또 엄청나게 두터운 철옹성 안에 꼭꼭 감춰져 있는 미확인 물체도 아닌데 바로 옆에 이웃한 이 엄청난 덩치의 나라에 대한 편견과 선입견이 이토록 뿌리 깊은 것이다.

한편, 그렇다면 중국은 한국을 어떻게 바라보고 있는가?

중국사회과학원은 〈2014년 아시아·태평양지구발전보고서〉에서 밝힌 시진핑 시대의 한중 관계에 대해 '정열경열政熱經熱, 정치, 경제 양 분야에서의 활발한 교류'이라고 평가했다. 보고서에 의하면 "한중 양국은 북한, 일본 우경화, 경제, 문화 등 모든 관련 문제에서 상호 의존성이 커져 어느 정권이 들어와도 현재의 활발한 교류 구도를 바꾸기 힘들 것이다. 다만 한미 관계가 한중 관계 심화를 결정하는 핵심 요소로 자리 잡고 있어 한국의 균형 있는 외교가 필요한 시점"이라고 분석하고 있다.

앞서 밝힌 대로 중국은 북한과의 관계에 대해 '혈맹'과 '인내' 그리고 '조정'이라는 관점을 토대로 한 반면에 우리와의 관계에 대해서는 '대립'과 '조정' 그리고 '밀월'이라는 관점을 토대로 해 왔다 할 것이다.

먼저, 중국은 1949년 지금의 신중국의 건국 이후 현재에 이르는 65년여 기간 중, 최소한 43년 동안을 우리에 대해 '대립'이라는 키워드를 토대로 인식해 왔다. 그러다가 1992년에 맞이한 한중 수교는, 중국으로 하여금 양국 관계를 '대립'에서 '조정'으로 바라보게 하는 계기가 되었다. 하지만, 수교 이후의 양국 관계는 주로 경제협력이라는 '반쪽만의' 발전에 그쳤다. 당시의 중국은 아무래도 북한을 의식하지 않을 수 없었던 것이다. 그러나 이러한 관계는 김대중 및 노무현 정부를 거치며 급기야 정치 분야의 발전으로도 이어졌다. 그 과정에서 드디어 중국은 한국과의 관계를 전면적으로 조정하게 되었다. 그 덕에, 중국에서는 한중 관계가 이 두 대통령 시기에 전 방위적으로 좋아지게 되었다고 평가하고 있다.

그런데, 이처럼 잘 나가던 양국 관계는, 또 다른 조정을 맞이하게 된다. 이명박 정부의 미국 일변도 외교 탓에, 한중 양국의 정치 관계가 정냉경열政冷經熱이라는 기형적인 모습으로 후퇴하게 된 것이다. 실제로, 이명박 대통령 집권기의 양국 관계는, 설상가상으로 '천안함 사태' 등도 거치는 가운데 경쟁적으로 군사훈련을 전개하는 등 수교 이후 최악의 상황으로 빠져들었다. 이로 인해, 이명박 정부 시기의 중국에는 반한 감정도 적지 않았다.

이와 관련, 이명박 정부 시기의 비화 하나를 소개한다. 천안함 침몰 직후, 중국 당국자들은 바로 나를 찾아왔다. 그러면서 "아아, 골치덩어리 북한이 또 문제를 일으킨 것 같다!"는 첫 마디와 더불어 "지금 상황이 급박한데, 북한에 대해 한중 양국이 긴밀히 공조해야 하지 않을까?"라며 자문을 구했다. 그런데 중국이 이런 식으로 양국의 공조를 언급하는 논리는 매우 간단하다. "북한에서 돌발적인 문제가 생기거나 혹은 북한이 문제를 일으키면 직접적인 영향을 받는 나라는 한중 양국뿐이다. 국경을 맞대고 있다는 이유만으로도 양국은 그 피해를 피할 수 없지 않은가. 따라서 북한발 제반 위기에 양국이 긴밀하게 공조하는 것은 당연한 일이 아니겠는가"라는 것이다.

하지만, 중국 당국의 이러한 모습에도 불구하고, 이명박 정부는 즉각 미국으로만 특사를 파견하였다. 이에 대해 중국은 또 다시 실망했다. 동시에 한 가지 다른 우려도 하기 시작했다. "미국이 천안함 침몰 사건을 가지고 중국을 괴롭히려 이용할 지도 모른다"는 것이었다. 그러면서, 이명박 정부의 요청으로 인해 관여하게 된 미국이 북한이 포함된 '적대 세력들'에 대한 한미일 3각 공조를 굳건히 하는 것을 보고 또 다시 '북한 카드'를 만지작거리기 시작했다. 한미일 3각 공조에 대응하기 위한 차원이라는데 이러한 중국 당국자들로부터는 "아아, 골치 덩어리 북한이 또 문제를 일으킨 것 같다…"고 토로했던 처음의 모습은 이미 사라지고 없었다. 이런 식으로 중국은 이명박 정부의 한국에 실망하고 또 실망하며 점점 더 거리를 두는 가운데 한국과의 관계에 대해 부정적 방향으로의 조정을 했던 것이다.

그러다가 박근혜 대통령이 당선되고 양국 관계는 또 다시 급변하게 되었다. 대통령 당선인의 특사를 중국에 먼저 파견한다는 소식을 접하면서 한국과의 관계 복원에 적극 나선 것이다. 실제로, 당시의 중국 당국자들은 나에게도 자주 찾아와 "박 대통령의 진의는 무엇일까?", "차제에 한국과의 관계 강화를 위해 중국이 어떻게 하면 좋을까?" 등등 한국에 대한 적극적인 '구애'의 자세를 보였다. 그러다가, 2013년 6월 중국을 국빈방문한 박 대통령이 칭화대에서 중국어로 연설하는 등 다양한 방식으로 중국에 대한 호의를 보이자 이를 계기로 보다 더 적극적으로 한국 감싸 안기에 나섰다. 그리고 지금도 "과거에는 냉전이라는 시대적 배경 등으로 인해 한중 양국이 싸우기도 했지만, 현재는 다르지 않은가. 오늘날의 한중 양국은 서로를 필요로 하고 있다. 따라서 우리는 양국 관계를 더더욱 긴밀하게 발전시켜 나가야 한다"면서 우리와의 한층 더 공고해진 밀월을 위한 방안 등에 대해 수시로 자문을 구하는 등 적극적인 자세를 보이고 있다.

한편, 우리에 대한 중국 측의 전향적인 모습은 중국 지도의 일본해 표기와 연관되어서도 잘 나타나고 있다. 현재, 중국정부가 발행하는 중국의 교과서와 지도 등에는 우리의 동해가 일본해라고 표기되어 있다. 이에 대해 나는 수년 전부터 동해 병기를 요청해 왔다. 하지만, 이명박 정부 때는 좋지 못했던 한중 관계의 영향 등으로 인해 제대로 들어주려 하지도 않았다. 그러다가 한중 관계가 다시 좋아지며 이 문제에 대해 전향적인 자세를 취하기 시작했다. 그리하여 현재는 '일본해/

한국 동해'라는 식으로 병기하거나 혹은 어떤 형태이건 간에 일본해의 단독 표기만은 지양하는 식으로 검토하게 되었다. 중국 측의 이러한 자세를 고려할 때, 중국지도나 교과서에서의 동해 병기 문제는 지금이 더할 나위 없는 호기가 아닐 수 없다. 우리 국민 모두의 적극적인 관심과 우리 정부의 진취적인 자세가 절실하지 않을 수 없는 것이다.

무신불립無信不立, 믿음이 없으면 살아갈 수 없다고 했다. 한중 관계가 진정으로 더 깊이 있고 친밀하게 발전하기 위해서는 무엇보다도 상호 간에 더 깊이 있는 신뢰가 필요하다. 하지만 신뢰라는 것이 하루아침에 싹틀 수는 없다. 특히 중국으로부터 수많은 침략을 당해 온 우리로서는 중국의 노력과 그 '진의'를 느끼기까지 적지 않은 시간이 필요할 것이다. 이러한 측면에서 나는 중국 당국자들에게는 "한국 사회가 중국에 대한 불신과 경계감을 낮출 수 있는 중국 측의 노력과 시간 등이 더 필요하다"고 강조하고 있다. 이와 동시에, 우리에게는 다음과 같이 제안하고 싶다. "새로운 것을 받아들이기 위해서는 낡고 묵은 것을 비워야 하듯이, 이제 우리도 과거의 중국을 마음속에서 놓아주고 새로운 중국을 받아들일 준비를 해야 하지 않을까…."

'강 건너 불'과 '발등의 불', 그리고 '좌청룡 우백호' 외교

북한 핵과 관련, 미국은 "말만으로는 안 되고 행동이 중요하다"는 입장을 고수하고 있다. 2014년 미 국무부 브리핑에서도 마리 하프 부대변인은 북한 핵 관련 해법을 묻는 질문에 대해 "공은 북한으로 넘어갔다"면서 "북한이 도발을 중단하고 비핵화와 관련된 의미 있는 조치를 취해야만 대화가 가능하다"는 기존의 강경한 자세를 굽히지 않았다. 그런데, 미국이 이처럼 강경한 자세를 고수할 수 있는 이유는 무엇일까? "쥐도 궁지에 몰리면 문다"고 했는데, 그러다가 자칫 잘못되어 북한이 또 다시 도발이라도 하고 나온다면….

이와 관련, 2014년에 발표된 미국의 군사전문 매체인 〈디펜스뉴스〉의 설문조사 결과는 눈여겨볼 만하다. 〈디펜스뉴스〉는 백악관, 국방부, 연방의회, 방산 업체 등 국방 분야에서 일하는 전문가들을 대상으로 "미국과 미국의 이익에 가장 위협이 되는 요인은?"이라는 설문조사를 실시했다. 그 결과, 응답자의 45.1%가 사이버전이 미국이 직면한 최대 위협이라고 밝혔다. 뒤를 이어 테러(26.3%)와 중국(14.3%)이 각각 2, 3위로 꼽혔고, 계속해서 이란(7.9%)과 기후변화(5.8%) 그리고 북한(0.7%)이라는 대답이 뒤를 이었다. 그뿐만 아니라, 북한에 대해 느끼는 위협 정도를 묻는 질문에 대해서도 5년 전과 비교해 응답자의 23.0%가 위협의 정도가 '약해졌다'라고 밝혔고, 14.1%만이 '위협의 정도가 강해졌다'고 대답했다. 이처럼, 미국의 국방 전문가들은 미국에 대한 북한발 위협에 대해, 기후변화에도 미치지 못할 만큼 극히 미미한 정도로 생각하고 있다. 그런데 어쩌면 이는, 미국의 입장에서 볼 때, 지정학적 측면에서 보더라도 북한은 저 멀리 동북아에 위치해 있으므로 '강 건너 불' 구경하듯 느긋할 수 있기 때문에 그런 것은 아닐까. 그로 인해, 저 위험천만한 북한에 대해 강경 일변도의 자세를 견지할 수 있는 것은 아닌지 하는 생각마저 든다.

여기에서 우문愚問 하나를 던지고 싶다. 다름 아닌, "미국과 중국 가운데 어느 나라가 북한 위협에 더 노출되어 있는가?" 하는 것이다. 이는 "지정학적 측면에서 미국과 중국 가운데 어느 나라가 우리 한국을 더 필요로 할까?"라는 식으로 바꿔 물을 수도 있겠다.

이와 관련, 냉정히 고려해 보자. 사실, 북한은 지리적으로도 태평양 너머 저 멀리에 위치해 있는 세계최강의 군사대국 미국의 위협이 되지 못한다. 이는 중국에서 만난 미국 및 일본 그리고 중국인 국제관계 전문가들도 모두 인정하는 바이다. 이에 비해, 중국은 북한에 대해 "국경을 맞대고 있는 만큼 어떤 형태로든 위협이 될 수 있다"고 생각하고 있다. "한중 양국은 북한발 제반 위기에 대한 '운명공동체'"라거나 "북한은 한중 양국의 '발등의 불'"이라는 표현도 바로 이와 같은 중국의 인식에서 비롯되는 것이 아닌가 싶다.

　그런데, 어떠한 위기에 대해 '발등의 불'인 처지와 '강 건너 불'인 처지는 다를 수밖에 없다. 강 건너 불은 여유롭고, 발등의 불은 긴박하다. 즉, 북한에서 어떠한 급박한 일이 발생하거나 북한이 도발 등을 감행하는 등 이른바 북한발 제반 위기에 대해 발등의 불과 같이 직접적으로 노출된 국가는 바로 한국과 중국뿐이다. 미국이나 국제사회는 지리적으로도 동북아에 위치하고 있지 않기 때문에 북한발 제반 위기에 대해서는 사실상 강 건너 불이기 때문이다. 아니, 강 건너 불도 아닌 저 멀리 태평양 '바다 건너 불'에 불과하다. 이러한 맥락에서, 북한의 긴급사태나 북한으로부터의 제반 도발과 위험 등에 직접 노출된 국가들끼리 특별한 공동의 대응체제를 구축하는 것은 어쩌면 당연하지 않을까. 이렇게 볼 때, 북한발 위기에 대해 대처할 한미일 안보협력 외에, 보완적 차원에서도 '대북위기 한중안보협력' 등과 같은 한중 양국 사이의 위기관리 협력체제도 고려해 볼 필요가 있지 않을까 여겨진다. 우리의 국가안보에 있어 최대의 위협인 북한에 대한 방어막과 대비체제 등은 많으면 많을수록 좋을 것이다. 더구나, 우리의 '발등의 불'에 대해 '바다 건너 불' 구경하듯 할 수 있는 나라들뿐 아니라, 함께 발등의 불인 나라와도 공조체제를 갖춘다는 것은 더 늦기 전에 필요한 일이 아닐까.

한편, 북한은 미사일을 발사하고 핵실험을 하는 등 계속해서 도발을 멈추지 않고 있다. 일본 또한 헌법 개정을 위한 움직임을 진행함과 동시에 현직 수상이 야스쿠니 신사도 참배하는 등 전례 없이 거친 우경화의 행보를 보이고 있다. 이에 대해 중국은 일방적인 방공구역식별 선언 등을 하고 미국 또한 일본의 집단적 자위권 행사 등을 사실상 용인하는 등 동북아 주요 각국은 저마다 '자국의 외교'에 여념이 없다.

이에 비해 우리는 어떤가? 현재 우리는 과연 얼마나 제대로 된 '우리의 외교'를 하고 있는가? 일본은, 경제 규모 면에서는 중국에 역전당해 세계 제3위로 밀려나게 되었지만, 1인당 국민소득은 중국의 약 8배에 달하는 대국 중의 대국이다. 하지만, 안타깝게도 일본의 우파 정객들은 그와 같은 사실도 간과하고 있는 것 같다. 대국다운 기품은 고사하고 저열한 도발집단과 같은 치졸함으로 일본의 입지를 국제사회에서 스스로 전락시키고 있기 때문이다. 그런데, 이러한 안타까운 심정은 오늘날 우리나라의 '외교적 마인드'를 생각할 때도 유사하게 느껴진다. 아직도 우리는 현격히 달라진 우리의 국력과 국제사회에서의 위상 등을 제대로 파악하지 못한 채 우리 스스로가 '고래 싸움에 새우 등 터지는 신세'라고 자처하고 있다. 우리 외교가 한 차원 더 높게 도약할 수 있는 물실호기임에도 불구하고 이는 깨닫지 못한 채 계속해서 안타까운 외교만 자처하고 있기 때문이다.

우리는 지나치게 눈치만 보는 외교에서 벗어나 현재 우리의 국력과 주변 상황 등을 더 잘 반영한 '21세기 대한 외교'를 당당하게 전개해 나가야 한다. 과거에는 약소국이었던 탓에, 해양세력과 대륙세력 사이에 낀 '지정학적 불리함' 등으로 인해 암울한 역사를 그려온 것이 사실이다. 하지만 현재의 우리는, 우리 모두가 열심히 노력하여 중견강국으로 발돋움하였다. 그 결과, 해양문화와 대륙문화를 손쉽게 받아들일 수 있는 '지정학적 유리함' 덕에 남다른 발전도 기대할 수 있게 되었다. 이처럼 우리가 현재의 우리에 걸맞도록 발상을 전환하고, 이어서 중견강국으로서의 우리의 전략적 가치를 보다 더 적확하게 깨닫고 활용하려 한다면, 우리는 더 이상 '미국과 중국 사이에 낀 샌드위치'나 '고래 싸움에 새우 등 터지는 신세'만은 아닐 것이다.

강자가 되려면 강자를 더 많이 상대해야 한다. 그렇지 않고 강자의 눈치만 살피면서 그 순간만 넘어가려 하면, 결코 더 강하게 될 수 없다. 강자를 더 잘 다룰 줄 알아야 하는 것이다. 더 잘 다루기 위해서라도 지나치게 두려워하거나 경계해서는 안 된다. 경계하니까 더 경계할 대상으로 보이고, 두려워하니까 더 가까이 하기 쉽지 않게 되기 때문이다. 이를 고려하더라도, 이제 우리는 G1과 G2인 미중 사이에서도 우리의 국익을 보다 더 최적화시켜 나갈 수 있는 21세기 대한 외교인 '좌청룡 우백호 외교'를 당당하게 수립하고 전개해 나가야 마땅하다.

청년 CEO 진출,
중국 시장은
한국 제품의 독무대다

04

기회는 없어지지 않는다.
당신이 놓친 것은 다른 사람이 잡는다.

작자 미상

Chapter 01

청년 CEO 진출,
중국 시장은
한국 제품의 독무대다

최근 수년 사이에 중국 시장으로의 진출이 부쩍 쉽지 않아졌다고들 한다. 고비용과 폐쇄적인 유통구조, 현지 정보 및 인프라 부족 등으로 인한 시장 진출의 한계, 그리고 중국인 소비자들의 선호에 부합하는 상품 발굴 및 제품 개발의 미흡 등 첩첩산중의 난제로 둘러싸여 있기 때문이다. 게다가 전 세계 각국 기업들과의 경쟁은 '무한경쟁'이라는 말 그대로 끝도 없이 격화되고 있다. 그러다 보니, 우리 기업들의 대중 수출이 과거와 같은 호황을 기대하기가 쉽지 않게 되었다는 암울한 전망도 불거져 나오게 되었다. 설상가상으로 이를 뒷받침이라도 하듯, 2014년 8월 산업통상자원부와 한국무역협회 등에 따르면 같은 해 1~7월 우리나라의 대중국 수출액은 814억 달러로 작년 동기보다 1.2% 줄었다. 월별로는 5월에 -9.4%, 6월에 -1.0%, 그리고 7월에는 -7.0%로 3개월 연속 감소세를 기록하기도 했다.

그렇다면, 우리의 대중 수출이 내리막을 타고 있는 주된 이유는 무엇일까? 여러 이유가 있겠지만, 실제로 중국 현지에서 지내는 가운데 한중 양측을 들여다보고 있는 입장으로서는, 주된 이유의 하나로 오늘날 중국 시장의 현실을 제대로 파악하지 못하고 있다는 점에서 비롯되고 있다고 지적하지 않을 수 없다. 즉, 중국의 최종 소비재 시장은 가파르게 성장하고 있음에도 불구하고 우리는 아직도 과거의 중국에 대해 그러했듯이 최종 소비재가 아닌 원부자재에 더 치우친 가공수출 정도에 머물고 있다. 다시 말해, 중국 당국의 강력한 지원 등에 힘입어 원부자재들이 빠르게 중국 국산품으로 대체되고 있음에도 불구하고 우리는 아직도 종래와 같은 제3국 수출용 가공무역 제품 등에 의존하고 있다시피 하고 있기 때문이다. 실제로 2013년 기준 대중국 수출액 가운데 가공무역이 차지하는 비중은 47.6%로 아직도 대중 수출액의 절반 가까이 된다. 이러한 현상에 대해 국제무역연구원은 "현재 우리의 대중국 수출 감소는 일시적이 아니라 우리의 구조적인 문제에서 비롯된 것"이라며 "따라서 우리는 더 이상 단순 납품이 아니라 중국 소비시장을 공략할 수 있는 최종 소비재의 수출에 더 힘써야 할 것"이라고 조언했다.

사실, 중국 진출을 고려하고 있는 사람들이라면, 이미 우리나라의 언론매체 등을 통해 중국의 소비시장이 매년 급성장하고 있다는 소식을 접해 보았을 것이다. 한국무역협회의 조사 결과에 의하면, 중국의 소비재 수입액은 2009년의 798억 달러에서 2013년에는 1,903억 달러로 크게 증가하였다. 중국에서의 이와 같은 급격한 소비 증가는, 당연히 중국인들의 가파른 소득 증가로부터 초래된 것이다. 중국의 인건비가 매년 두 자리 수로 인상되고 있어 외국기업으로서는 '공장으로서의 중국'의 매력이 나날이 저하되고 있는 것이 사실이다. 하지만, 인건비의 급상승은 중국 근로자의 입장에서 보았을 때 가파른 소득 증가를 의미하며 이는 곧 중국이 '소비시장으로의 중국'으로 빠르게 전환되고 있음을 의미하는 것이기도 하다.

실제로, 중국 현지에서는 중국인들의 소득 증가로 인해 소비시장이 더 크고 또 더 다양하게 전개되고 있다는 것을 어렵지 않게 느낄 수 있다. 예를 들면, 중국인들은 용감한 것인지 무모한 것인지 잘 모르겠지만 중국에는 이른바 '족동足動 브레이크' 겸용 자전거도 적지 않다. 가격은 저렴하지만 브레이크가 제대로 걸리지 않아 유사시에는 두 발을 재빨리 도로에 부착시켜 급정거해야 한다. 소득 사정 등에 의해 돈을 아끼려 싼 맛에 구입하였지만, 웬걸, 오히려 발목을 삐거나 골절을 초래하는 등 더 큰 비용이 발생하는 것이다. 그러던 것이 매년 빠르게 줄어들고 있다. 소득이 증가함에 따라 브레이크가 더 튼튼한 자전거를 구입하게 되고, 도로에서 신발 탄 내와 발 냄새가 한데 어우러지던 중국적 모습 등도 이제는 아련한 추억 속으로 사라지게 되었다. 또한, 주머니 사정 탓에 액세서리 하나 없이 저렴한 의류 하나 걸치고 다니던 사람들 역시 매년 꾸준히 증가하는 소득 덕에 한국 드라마에 나오는 의류나 액세서리 등과 유사한 제품을 구입하게 되었다.

그뿐만 아니라, 중국 대륙 여기저기에 지뢰밭과 같이 감춰져 있는 저질 음식이나 불량식품 등을 피하기 위해 중국 국산보다는 좀 더 비싸더라도 안심하고 먹을 수 있는 외제 수입품을 구입하는 중국인들 역시 매년 빠르게 증가하고 있다. 이 가운데 천금과도 바꿀 수 없는 내 자식을 위한 영유아용품 등은 외국산 수입품의 가격이 훨씬 비싸더라도 '불안하고 신뢰할 수 없는 국산품'을 아예 저 멀리 따돌리고 고공 행진하는 모습을 보이고 있다. 그러다 보니, 바다 거북이 다량의 알을 쏟아내듯 짧은 시간에 우후

죽순으로 생기고 있는 초대형 마트나 한국의 어디에서도 찾아볼수 없는 휘황찬란한 초호화 대형 쇼핑몰 등에서는 외국산 제품이 대세를 이루고 있는 것이 오늘날 중국시장의 특징이다.

그런데, 이와 같이 빠르게 확산되고 있는 중국의 소비시장은 특히 한국 기업, 한국 제품에는 특히 더 호의적이다. 앞에서도 언급한 바와 같이 중국과 미일 양국과의 대립 격화라는 정치적 측면이 중국인 소비자로 하여금 미일 양국 기업 및 제품에 대해 점점 더 곱지 못한 자세를 지니게 하고 있다. 이와 연관된 하나의 예로는, 2014년 중국 당국이 중국의 공무원이나 당 관료 등에게 미국 휴대폰 애플의 구입 및 사용 금지 조치를 취함으로써 중국시장에서 엄청난 시련을 겪게 된 애플의 사례를 들 수 있다. 이에 비해 현재 중국 현지에서 우리 한국 기업 및 한국 제품의 위상은 어떠한가? 중국과 전례 없이 좋은 양자 관계를 유지하고 있으며 이에 더해 중국 사회에 이미 견고하게 뿌리내리다시피 한 한류 등의 영향 덕에 우리들은 중국에서 이래저래 최고 대우를 받고 있지 않은가.

그럼에도 불구하고 우리 사회는 우리가 중국에서 이처럼 높은 위상에 있다는 것에 대해 제대로 인지조차 하지 못하고 있다. 재중 외국인 비즈니스맨들은 "현재의 중국 시장은 한국 기업, 한국 제품의 독무대와 같다", "내가 지금 한국의 젊고 열정적인 청년이라면 중국 시장을 온통 휘잡을 수 있을 텐데…" 하며 우리를 부러워하고 질투까지 하고 있음에도 불구하고 우리는 정작 그 사실을 깨닫지 못하고 있다. 그로 인해 우리가 제대로 인지하고 접근하기만 한다면 오늘날 우리 기업과 제품의 특판장과도 같을 중국 시장을 아직도 제대로 활용하지 못하고 있으니 이 어찌 안타깝지 않을 수 있겠는가. 중국에서 우리만의 '각별한' 위상이 언제까지 지속될지, 언제 어떤 식으로 어떠한 변화를 겪을지 모르므로 지금 이 순간 온 나라가 하나가 되어 중국 대륙으로 들어간다 해도 시원치 않을 판임에도 말이다.

그러다 보니 중국 소비시장의 가파른 성장에도 불구하고 우리나라 제품의 중국 수입소비재시장 점유율은 5.6%에서 3.8%로 오히려 더 떨어졌다. 그 결과, 2013년 기준 우리나라는 중국의 제1위 수입국으로 등극하였지만 소비재 수입 분야에서는 6위에 머물고 말았다. 그뿐만 아니라, 2014년 상반기 우리나라의 대중 수출액 694억 달러 가운데 소비재가 차지하는 비중은 아직도 고작 5.5%에 불과하다. 그러니, 중국 현지에서 우리만의 기회를 제대로 살리지 못하고 있는 한국을 보는 내 심정은 그 얼마나 안타깝고 속상하겠는가? 최근 몇 년 사이에 두툼하게 볼륨감을 더해 온 뱃살과 나날이 내려가고 있는 다크서클도 다 이유가 있는 것이다. 이를 고려하여 우리는 이제부터라도 중국의 소비시장에 보다 더 적극적인 관심을 갖고 진취적으로 뛰어들어야 한다. 이런 식으로 남들보다 유리한 고지에 있는 우리만의 이점을 보다 더 제대로 살려 나가야 한다.

계산된 위험은 감수하라.
이는 단순히 무모한 것과는
완전히 다른 것이다.

조지 S. 패튼 George S. Patton Jr.

Chapter 02

청년 CEO 진출의
유망 분야와 진출 리스크 분석

그러면 오늘날 이와 같은 중국 시장으로 진출할 때 어떠한 분야가 유망할까? 아울러 성공적인 중국 진출을 위해서는 어떻게 하면 좋으며 또 리스크 등에 대해 어떻게 대처하면 좋을까?

먼저 중국 진출 관련 유망 분야이다. 이와 관련, 중국 정부의 싱크탱크인 중국국제경제교류센터는, 현재 성장 방식의 전환기를 맞고 있는 중국 경제임을 고려할 때, 외국 기업들은 아래와 같은 몇 가지 분야에 특히 더 주목할 것을 권고하였다. 먼저 소비 시장이다. 중국 정부는 내수소비가 경제 성장의 핵심 역할을 하도록 경제의 운용방식을 바꾸고 있기 때문에 중국의 다양한 소비계층을 겨냥해 그들이 만족할 만한 제품을 출시할 필요가 있다는 것이다. 다음으로 서비스 분야이다. 중국은 금융위기를 거치면서 제3차 산업의 육성에도 힘을 쏟고 있으므로 물류나 회계 및 각종 서비스 분야 또한 유망할 것이라는 분석이다. 세 번째로 중국의 빠른 도시화도 외국기업에게는 또 다른 비즈니스 기회를 제공할 것이라고 한다. 중국은 향후 10년간 매년 약 1.4% 정도의 빠른 속도로 도시화가 진행될 전망이다. 이를 고려할 때, 도시의 기초시설과 공공서비스 등과 같은 신도시 조성 및 그곳에서의 대규모 주거와 관련된 분야에서도 향후 폭발적인 수요가 나타날 것이라는 분석이다.

이에 더해 우리 한국 기업 및 제품의 경우는 조만간 체결될 한중 FTA의 덕도 보게 될 전망이다. 한중 FTA는 많은 분야에서 중국으로 향하는 우리 기업들에 대한 관세와 비관세 장벽을 완화 혹은 철폐해 줄 것이다. 이와 동시에 투자와 서비스의 자유화는 물론 경제협력의 장을 한층 더 크게 증대시켜 줄 것이다. 이를 통해 우리 한국 기업 및 한국 제품의 중국 진출은 또 다시 크게 탄력받으리라 예상된다. 이러한 점 등을 고려할 때, 향후 우리의 중국 진출은 적지 않은 분야에서 과거보다 훨씬 더 좋은 환경 속에 놓이게 되겠지만, 그 가운데서도 다음과 같은 분야는 특히 더 유망하리라 생각된다.

먼저 프리미엄 이미지의 제품군이다. 지금까지 언급해 온 바와 같이 중국에서 우리 기업 및 우리 제품에 대한 이미지는 그 유례를 찾을 수 없을 만큼 좋다. "네가 지닌 돈 외에는 절대로 아무것도 믿지 말라!"는 왕서방의 후예들이 조상들의 가르침을 거역하고 있을 정도이다. 우리 제품에 대한 신뢰가 그만큼 높기 때문이다. 중국에서 한국 제품은 고품격, 고가격의 이미지가 강하다. 따라서 중국 진출을 계획하고자 한다면 더 이상 과거와 같이 중저가가 아닌, 적어도 중고가나 혹은 최고급 이미지의 제품으로 진출하도록 궁리할 필요가 있다.

다음으로 웰빙 분야의 제품이다. 중국에서 자국 음식 등에 대한 불신이 극에 달해 있다. 이러한 상황 속에서 또 다른 불량식품 등의 소식이 전해지면 전해질수록 중국인들은 그만큼 더 외제를 찾게 된다. 그 가운데 우리 제품은 없어서 판매하지 못할 정도로 큰 인기를 누리고 있다. 이를 고려할 때, 외식 프렌차이즈 분야나 웰빙 식품, 유기농 식품과 같은 분야는 매우 유망하다고 할 수 있다.

세 번째로 친환경 분야이다. 경제 수도라 불리는 상하이에는 얼마 전만 해도 스모그 현상이 그다지 심각하지는 않았다. 하지만 이제는 상하이에서도 스모그를 심심찮게 접하게 될 정도로 중국의 환경오염은 극심해지고 있다. 이로 인해 중국 당국을 바라보는 민심은 폭발 직전에 이르렀으니 이를 무마하기 위해서도 중국 당국은 최근 들어 부쩍 친환경 분야를 강조하고 있다. 하지만 아직 중국 국내 기업의 관련 기술이나 제품 등은 중국인들이 필요로 하는 기대치를 충족시켜 주지 못하고 있으니 이를 고려할 때 이러한 친환경 분야로의 진출 또한 그 어느 때보다도 좋다고 할 수 있다.

네 번째로 영유아용품 관련 분야이다. 일반적으로 한 가구 한 자녀를 지니고 있는 중국에서는 신분이나 소득 등을 막론하고 "내 자녀에게 만큼은 최고의 대우를 해 주겠다!"는 생각이 상당히 강하다. 이와 같은 상황에서 중국의 국산 영유아용품 등에서 번번이 불량품이 나오고 있지 않은가. 바로 이 분야의 우리 기업 및 우리 제품 등에게는 중국 진출의 최적기가 아닐 수 없는 것이다.

다섯 번째로 인터넷 및 게임과 관련된 분야이다. 현재, 중국에서는 인터넷 시장의 빠른 성장과 함께 게임 시장도 급속도로 확대되고 있다. 이와 관련 중국 관영언론 신화왕新華網이 밝힌 〈2014 중국 게임산업 보고서(1~6월)〉에 따르면, 2014년 상반기 중국 게임 시장의 매출규모는 496억 2,000만 위안(한화 약 8조 4,100억 원)으로 전년의 동기 대비 무려 46.4%나 증가했다. 최근 5년 사이에 신기록을 세운 것인데 이 정도로 중국의 게임 시장은 무섭게 성장하고 있다. 그런데 인터넷 분야 종사자들에 의하면, 중국의 게임 분야의 기술 수준 등은 전반적으로 아직 우리를 따르지 못하고 있다. 그리하여 우리의 관련 기업들과의 제휴 등을 원하고 있는데 이를 고려하더라도 이들 분야 종사자들의 중국 진출 역시 매우 유망하다고 할 수 있다.

마지막으로 우리 문화와 관련된 분야이다. 중국에서는 한류의 덕택으로 우리의 의식주 문화 등과 관련된 제품이 큰 인기를 끌고 있다. 한국 것이 "보다 더 안전하며 신뢰할 수 있고 더 멋있고 매력적"이라는 이유에서다. 이를 고려할 때, 우리의 화장품이나 의류제품, 관련 액세서리 분야 및 문화 콘텐츠 분야 등은 상당 기간 유망하리라 전망된다.

다음으로 중국 진출과 관련하여 우리나라 사람들 사이에서 빈번하게 발생되고 있는 주요 리스크에 대해 몇 가지 더 추가적으로 살펴보자.

먼저 중국 법 리스크를 들 수 있다. 중국의 법 체계가 우리와 유사한 듯하면서도 상당히 다르기 때문에 초래되는 리스크이다. 우선 중국 법은, 당연하겠지만, 사회주의 색채가 강하다. 그뿐만 아니라 드넓은 중국의 다종다양한 문화와 관습적 특색 등도 포함하고 있어 매우 복잡한 양상을 띠고 있다. 이에 더해 중국 중앙과 각 지방의 법 규정 등이 서로 상이하고 개정 또한 빈번하다. 설상가상으로 겉으로 드러나지 않지만 중국에서의 비즈니스 등과 관련하여 더 중요한 규정이나 내부통달 등도 적지 않다. 이처럼 혼란스러운 모습으로 인해 이에 대해 잘 모르고 진출하다가 낭패를 겪는 사람들이 적지 않은 것이다.

그렇다면 이와 같은 중국 법 리스크에 대해 어떻게 대처하면 좋을까? 이를 위해서는, 당연하겠지만 이들에 대해 어느 정도라도 파악할 필요가 있다. 아니, 적어도 나의 비즈니스와 관련된 중앙의 법규나 내가 진출할 지역의 법 규정 등에 대해서만큼은 제대로 인지해야 한다. 하지만 그것이 그리 쉽지는 않을 것이다. 그러므로 중국 법 관련 전문가 등과의 긴밀한 협력이 필요하다. 이와 관련, 우리 기업들 중에는 전문가의 컨설팅과 관련된 비용을 아끼고자 하는 안타까운 모습을 보이는 곳이 적지 않다. 대단히 우려스러운 모습이 아닐 수 없는데 자잘한 비용을 아끼려다가 오히려 더 큰 손해를 볼 수도 있다는 사실을 인지해야 한다.

다음으로 '꽌시' 리스크이다. 중국에는 '물은 배를 띄우기도 하지만 뒤집기도 한다水能載舟, 亦能覆舟'는 속담이 있다. 이는 중국 비즈니스와 꽌시, 즉 인맥 활용이라는 측면에도 그대로 적용된다. '꽌시의 나라'라 불리는 중국에서는 중국 진출이나 비즈니스 등을 영위함에 있어 꽌시를 잘 활용하면 적지 않은 도움이 된다. 하지만, 그 이면에는 양날의 칼과도 같은 위험 또한 상존하고 있기 때문에 주의해야 한다. 실제로 꽌시에만 의존했다가 낭패를 보고, 의존하려던 꽌시에게 오히려 뒤통수를 맞거나 혹은 제대로 된 꽌시가 아님에도 그 분별을 제대로 못 해 사기 당하는 등 꽌시와 관련된 사례는 일일이 열거하기 힘들 정도로 많다. 그렇다면 이와 같은 인맥 활용의 양면성에 대해 어떻게 대처하면 좋을까?

이와 관련, 과유불급過猶不及을 명심하도록 하자. 꽌시와는 항상 어느 정도 거리를 유지하는 '불가근불가원不可近不可遠'의 자세가 필요하기 때문이다. 이를 고려하여 꽌시의 도움을 받고자 할 때는, 비법적이거나 불법적인 것에 대해서는 생각조차 하지 말고, 적법하고 합법적인 사항에 대해서만 신중하게 접근하도록 하자. 아직도 중국의 꽌시를 마치 '만병통치약' 정도로 생각하는 사람들이 있는데 이 또한 매우 위험한 발상이 아닐 수 없다. 그러므로 오늘날 중국의 꽌시는, 적법하고 합법적이지만 다양한 요인으로 인해 더디고 지체되는 일을 보다 빠르고 원활하게 촉진시켜 주는 소화제 정도로 인식하는 것이 타당하다는 사실을 잊어서는 안 될 것이다.

다음으로, 파트너 리스크이다. 비즈니스에 있어 파트너는 대단히 중요하다. 특히 중국 진출에 있어 파트너는 비즈니스의 절반을 차지한다고 해도 과언이 아닐 정도로 중요하다. 하지만, 유감스럽게도 파트너와 관련된 좋지 않은 사례는 끊이질 않고 있다. 비즈니스가 아무리 잘되도 파트너에 의해 한 순간에 나락으로 떨어지거나, 잘 키운 비즈니스를 파트너에게 송두리째 빼앗기는 경우가 비일비재하기 때문이다.

그렇다면 파트너 리스크, 어떻게 하면 최소화할 수 있을까? 무엇보다도 파트너 선정에는 아무리 신중하고 또 신중해도 부족하지 않다. 이쪽의 입장만 고려하여 급히 누군가를 소개 받으려는 우리 특유의 '빨리빨리!' 자세로는 파트너 리스크에 의한 또 다른 실패 사례 하나만 더 추가할 가능성이 높다. 따라서 소개 받은 파트너 후보가 있으면 그에 대한 평판 등을 다양하게 검증하고 또 검증하도록 하자. 다음으로, 검증을 마치고 함께 일하게 된 파트너라 해도 모든 것을 다 주지는 말자. 견물생심이라고 했다. 반드시 다 그런 것은 아니지만 괜찮던 사람도 상황에 따라 얼마든지 달라질 수 있으며 그 상황이라는 것도 파트너에 대한 이쪽의 '무한 신뢰' 즉 '방기' 등으로 인해 빚어지는 경우가 적지 않기 때문이다. 그러므로 파트너에게 많은 것을 맡긴다 해도 어느 정도의 체크는 시스템 속에서 가능할 수 있는 구조를 갖추는 등 파트너 리스크의 피해를 예방할 수 있는 구조를 사전에 잘 강구해 둘 필요가 있는 것이다.

마지막으로 매출 착각 자금 리스크이다. 중국 현지에서 컨설팅을 하다 보면 '매출 신장=흑자'라고 오인하는 곳이 적지 않은 것 같다. 매출이 늘어나자 마치 당장이라도 억만장자가 될 듯한 망상에 빠져 놀고 있는 사람들이 적지 않은데 이는 매우 위험한 착각이다. 매출은 매출일 뿐, 실제로 통장에 판매 자금이 입금되기 전에는 아직 매출이 완료된 것이 아니기 때문이다. 이는 판매 대금 회수 문제는 별로 신경 쓰지 않고 오로지 매출 신장에만 주력한 나머지 생기는 현상이다. 그런데 이러한 모습은 유감스럽게도 외국 기업들보다 우리 기업들에게서 더 많이 나타난다. 그러다 보니 '흑자 도산' 하는 안타까운 케이스가 서구나 일본 기업들에 비해 우리 기업들에서 유독 많이 발생하고 있기도 하다. 그러므로 매출 신장도 좋지만 판매 대금의 회수 문제 또한 그 못지 않게 중요하다는 점을 명심하도록 하자. 처음에는 대금을 척척 잘 지불하면서 외상 거래로 슬쩍 돌리면서 서서히 본색을 드러내는 악의적인 거래처가 실로 적지 않음을 잊어선 안 될 것이다.

【청년 CEO 진출 전문가로부터의 어드바이스】

H 컨설팅 대표 이철수

중국에서 약 18년을 살면서 한국 기업과 개인의 중국 진출 및 중국 창업을 도와주는 컨설팅 사업 등을 하고 있는 이철수라고 합니다. 우리 청년들이 중국 시장에 매력을 느끼고 중국으로 진출하려고 하는 것은 참 바람직한 방향이라 생각합니다.

한국은 이미 30대 기업의 GDP가 95%를 넘었다는 이야기도 들립니다. 이는 곧 빈부차이가 고착화되기 쉽다는 것을 의미하는 것이기도 하지요. 그로 인해 청년들의 발전과 성장의 공간은 점점 더 적어지는 것 같습니다. 그에 비하면 중국은 청년들이 할 일이 너무도 많은 나라입니다. 즉 하기에 따라서는 비즈니스적으로 기회가 무궁무진합니다. 이와 같은 맥락에서 청년 CEO들의 중국 진출 등에 대하여 몇 가지 중요한 원칙들을 제언하려 합니다.

1. 중국어를 철저히 하라

중국에서도 지역적으로 북경, 상해, 광주는 한인 타운이 형성되어 있습니다. 오래 살고 있는 한인 교민들 중에 많은 수가 중국어가 잘 되지 않아서 중국 사람들을 사귀는 것이 제한적이고 그들과 공통의 언어가 부족하여 한인 커뮤니티에만 머물며 한인끼리 경쟁하는 사업 아이템에 종사하는 분들이 실로 적지 않습니다. 하지만 새로 중국에 진출하는 청년 CEO들은 한인 사회에 머물지 말고 중국인 커뮤니티로 들어가서 사람들을 사귀고 비즈니스 정보를 발굴하고 이를 가공하여 비즈니스를 창출하고 더 크게 신장시켜 가야 합니다.

중국 진출을 생각하는 한국인들에게 중국어 공부는 선택이 아니라 필수입니다. 군인이 전쟁터에 들고 나가는 총과 같이 중요한 것입니다. 특히 중국 비즈니스를 하면서 계속 여러분을 시험하고 괴롭히기도 하고 또 즐겁게 하기도 하는 것이 중국어입니다. 너무도 기본적이고 당연한 이야기를 새삼스럽게 하는 것은, 대개의 한국 사람들이 대충 의사소통이 된다고 생각하면 중국어 공부를 지속적으로 하지 않기 때문이지요.

이제 곧 한중 FTA도 체결될 것이고 그렇게 되면 청년 세대의 중국과의 교류의 폭은 현재보다 더 크게 확장될 것입니다. 무역, 유통, 문화, 하이테크, 창의 산업 등 각 분야에서 중국과 비즈니스를

10년, 20년 길게는 30년, 40년을 계속해 나가면 번성하게 될 수도 있다는 것입니다. 이를 고려하더라도 중국에서 생활하는 동안은 원칙을 세워서 정기적으로 중국 사람들과 교제하시기 바랍니다. 꼭 비즈니스의 영역에서만 만나서는 많은 인맥 인프라를 만들기 어렵습니다. 요즘은 중국 사람들이 '위챗'을 많이 활용합니다. 이러한 위챗 그룹 채팅에 적극 참여하시고 오프라인의 중국인 동호회 모임에도 열심히 나가서 많은 친구들을 사귀어야 비즈니스 기회가 많이 생깁니다. 이렇게 편하게 놀면서 사귀는 친구들이 나중에 비즈니스에 도움이 되는 경우가 많습니다.

이를 위해서도 중국어는 매우 중요합니다. 중국에 20년을 살아도 중국어가 늘지 않으시는 분들이 많은데, 이는 중국어를 배우려는 마음이 없어서 그런 겁니다. 중국어는 중국에 오래 산다고 잘하는 것이 아닙니다. 계속 배우려는 마음이 있고 조금씩 실천을 해야 비로소 향상되는 것입니다. 다시 말하지만, 중국어 실력은 청년 CEO 여러분들의 앞날에 실로 엄청나게 큰 자산이 될 것입니다.

2. 중국 문화에서 재미를 발견하라
중국은 19세기말 아편전쟁 이후 100년간 그야말로 격동의 변화를 겪으면서 발전해 온 나라입니다. 성공적인 중국진출을 위해서는 이와 같은 중국의 역사를 잘 알아야 하고 그에 대한 중국 국민들의 희

로애락의 저변의 정서도 읽을 수 있어야 합니다. 그러려면 시간 되는 대로 중국과 관련된 책뿐 아니라 중국영화나 중국 드라마 등도 자주 보시기 바랍니다.

이와 관련된 제 경험을 돌이켜보면 저는 〈패왕별희〉라는 영화를 보면서 문화대혁명 때의 중국 국민들의 어렵고 고단한 동란의 삶을 이해할 수 있었습니다. 장예모 감독의 〈영웅〉이라는 영화를 보면서는 진시황과 당나라의 강대한 대국의 부활의 서곡을 듣는 듯하였고, 〈건국대업〉이라는 영화를 보면서는 중국 대륙의 개화운동과 마오쩌둥의 공산당과 장제스의 국민당이 중국이라는 국가를 위하여 국공합작을 하는 모습과 그 과정에서의 인간사 등도 느낄 수 있었습니다.

이에 더해 최근에는 〈워쥐蝸居〉라는 드라마를 재미있게 보았습니다. '북상광(북경, 상해, 광주)으로 대변되는 대도시에 와서 내 집 마련의 꿈을 키워 나가면서 많은 시련과 도전, 그리고 다양한 유혹을 극복해 나가는 오늘날 중국 사회의 소시민의 삶을 너무 리얼하게 그린 작품입니다.
한 사회의 역사와 문화적인 배경 등을 안다는 것은 그곳 사람들의 사고의 맥락을 이해한다는 측면에서 아주 중요합니다. 그러한 맥락을 찾아 들어가는 과정을 영화나 드라마 등을 통해 한다는 것 또한 생각 이상으로 유익하고 즐거운 방법이므로 다시 한 번 적극 권하고자 합니다.

3. 인맥 만들기를 소홀히 하지 마라

중국 사람들은 인맥, 즉 꽌시를 매우 중시합니다. 중국인은 꽌시가 넓은 사람이 곧 능력 있고 자산 또한 많은 사람이라고 생각합니다. 사교적인 사람이 경쟁력이 있다는 의미인 것이지요. 실제로, 중국에서 성공적인 비즈니스를 하기 위해서는 사람들을 폭넓게 사귀는 것이 필요합니다. 그러므로 여러분이 '한국에서 30년 가까이 형성해 온 인맥을 중국에서 5년 내에 만든다!'는 생각으로 중국 사람을 되도록 많이 만나도록 하십시오. 지금 당장 도움이 되지 않는 관계라고 여겨져도 그 관계에 정성을 들이시기 바랍니다. 그것이 바로 여러분 비즈니스의 커다란 인프라가 될 것입니다.

중국에서 기업이나 매장 등을 운영하면서 느끼는 가장 어려운 일 가운데 하나로는 좋은 직원을 구하고 관리하고 또 오랫동안 함께 있는 일입니다. 문화가 다르기도 하고 또 젊은 친구들은 회사를 자주 옮기기 때문이지요. 또한 회사를 경영하면서 환경위생분야, 식품위생분야, 공상행정, 세무행정 등과 관련하여 불시에 여러분의 사무실이나 매장에 중국의 관련 공무원들이 단속 나오는 경우도 적지 않습니다. 이때는, 그런 분야에 지인이 있으면 많은 도움이 됩니다. 중국 사람들은 공적 자리에서는 사정을 봐주지 않지만 친구 사이의 사적 자리에서는 생각 이상으로 많은 도움을 줍니다. 이는 아마도 유교문화의 영향 등으로 공적 관계보다 사적 관계를 더 중시하기 때문이 아닐까 생각되기도 합니다. 이를 고려하더라도 다양한 중국 사람들과의 관계 다지기에 꾸준히 노력하시길 바랍니다.

4. 늘 배우는 자세로 임하라

중국 사람들은, 사람은 태어나서 죽을 때까지 계속 배워야 한다고 생각합니다. 한국인이 중국에서 생활한다는 것 자체도 계속 배워 나가는 과정입니다. 중국 사람과 제도, 더 나아가 중국 각 지역(23개 성, 5개 자치구, 4개 직할시, 2개 특별행정구) 사람들의 성향과 문화 등 중국에서의 생활 자체가 계속된 배움의 과정이라 생각할 필요가 있습니다. 이때, 중국 사람들을 만나 대화를 하다가 모르는 단어나 속담 등이 나오면 바로 받아 적을 수 있는 준비된 배움의 자세가 매우 중요합니다. 중국에서의 배움과 관련되어, 여러분보다 먼저 중국에 와서 적지 않은 기간 동안 사업 등을 영위해 오신 선배 CEO들의 경험이나 조언 등을 듣는 것은 가장 소중한 참고가 될 것입니다. 이를 구하기 위해서도 여러분 스스로가 백방으로 적극 찾아 나서길 바랍니다.

5. 뚜렷한 목표와 실천 전략을 세워라

목표와 전략이 구체적이고 실천을 잘하는 사람이 사업을 잘하는 것은 당연하겠지요. 사실 중국이란 나라에서는 구체적인 계획을 가지고 노력한다 해도 목표 달성이 쉽지만은 않습니다. 하지만, 목표가 뚜렷하고 이를 달성하려 열심히 노력하는 사람은 눈빛이나 행동이 다릅니다. 그러한 사람들은 중국 사람들도 알아보기 마련입니다. 그리고 그러한 그들이 한 명씩 두 명씩 늘게 되면 비로소 목표 달성을 향한 장정에 속도가 붙게 되는 것입니다. 이를 고려할 때, 중국 진출은 단순히 중국에서 돈을 벌겠다는 단선적인 생각만으로는 안 됩니다. 그 목적을 위해서도 중국을 존중하고 중국 사람들과 잘 융화되며 그들에게 부족하고 그리하여 그들이 원하는 것 등을 먼저 줄 수 있어야 할 것입니다. 그렇게 주면 훨씬 더 많은 것이 돌아오게 되는 것이 바로 중국이니 말입니다.

지금 다행히 한류 등의 영향으로 중국인들이 한국과 한국 상품 등에 대해 큰 호감을 가지고 있습니다. 반면에 일본에 대해서는 좋지 않은 감정을 가지고 있습니다. 이를 고려하더라도 현재의 중국은 한국에게는 정말 좋은 기회가 아닐 수 없습니다. 이러한 시기에 한국의 창의적이고 도전적인 젊은 청년CEO들이 중국에 와서 중국 사람들에게 한국의 문화와 상품 등을 소개하고 번성해 가는 것은 매우 바람직한 일이라 생각됩니다. 아무쪼록 청운의 푸른 꿈을 이 넓디넓은 중국에서 이뤄 나가는 가운데 한중 양국의 우호

관계에도 도움이 되는 청년 CEO가 많이 배출될 수 있기를 바랍니다.

모든 일은 가능하다고
생각하는 사람만이 해낼 수 있다.

정주영

청년 CEO 진출 사례

전자 상거래 분야 진출 사례

- 美理(上海) 무역 회사 대표 최고봉

아직 20대에 불과한 제가 이런 글을 쓴다는 것이 부끄럽습니다만, 부족한 경험이라도 공유하기 위해 펜을 듭니다.

저는 한국에서 군대를 전역한 뒤부터 중국의 전자 상거래 몰인 '타오바오淘宝'를 활용한 비즈니스를 염두에 두기 시작했습니다. 그리하여 그때부터 조금씩 준비한 뒤, 한국의 한 화장품 관련 기업과의 협력을 토대로 2012년부터 본격적으로 상하이에서 한국 화장품을 판매하기 시작했습니다.

저희 비즈니스는 아직 걸음마 수준에 불과합니다. 하지만 그동안의 중국 진출 과정에서 제가 확고히 지켜 온 대원칙이 하나 있습니다. 다름 아닌 "중국, 중국인에게 내가 직접적으로 다가가자!"는 것입니다. 그것이 중국에서의 비즈니스에 훨씬 더 도움이 되었기 때문입니다. 이런 마음으로 저는 일반적인 우리나라 사람들과는 다르게 제 비즈니스에서 최대한 한국인과 한국적인 도구를 배제해 왔습니다. 예를 들면 제가 거주하는 공간이나 먹는 음식은 물론이고 중국 관련 주된 정보 취득 사이트 또한 한국 사이트가 아닌 중국 사이트에서 얻는 등 말입니다.

이러한 저에게 간혹 우리나라 사람들이 찾아와 타오바오를 통한 전자 상거래 비즈니스를 하고 싶다며 여러 가지 질문을 하기도 합니다. 그때는 "저보다는 중국 사이트를 더 뒤져 보시라"고 권장합니다. 그 이유는 위에서도 알 수 있겠지만, 중국에서는 저는 아무래도 한 사람의 외국인에 불과합니다. 그렇기 때문에 중국과 중국 비즈니스 등에 대해서는 저보다는 중국인이나 중국적인 것으로부터 더 많고 더 정확한 정보를 얻을 수 있기 때문입니다. 실제로 중국의 인터넷 포털 사이트인 바이두百度 등에 나와 있는 타오바오 관련 글 10개 정도만 읽어 보아도 제가 들려줄 수 있는 정보보다 훨씬 더 유용할 것입니다.

그럼에도 불구하고 대부분의 우리나라 사람들은 자신이 직접 중국 사이트 등을 통해 알아보려 하지 않습니다. 그 대신, 예를 들면 조선족이 만든 타오바오 컨설팅 사이트에 의존하거나 또는 잠깐 겉 핥기식으로 타오바오를 들여다본 다른 한국인들을 통해 정보를 얻으려 하고 있습니다. 물론 중국어를 비롯한 여러 장애 등으로 인해 그렇다는 그 상황이 이해가 되지 않는 것은 아닙니다. 사실, 처음에는 저도 어찌할 바 몰라 하며 여러 한국 사이트를 통해 중국의 전자 상거래 시장 진출에 대해 알아보았습니다. 그러나 한국 사이트에 나와 있는 정보는 너무 적었고 그 깊이 또한 대단히 실망스러웠습니다. 실로 한국 사이트와 중국 사이트 사이에는 엄청난 정보의 차이가 있었던 것입니다. 그 후, 저는 중국에서의 비즈니스는 역시 '중국을 통해 찾아야 한다!'고 마음을 굳히고 지금까지 한국인, 한국적 도구 등과는 거리를 둔 채 중국, 중국 것과의 관계 속에서 비즈니스에 임하게 된 것입니다.

현재 제 비즈니스는 매출이 기대했던 것 이상으로 나오는 등 나름대로 궤도를 잘 깔아 나가고 있습니다. 이즈음에서 제가 지금까지 그래도 이렇게 비즈니스를 유지하며 계속 발전해 올 수 있었던 또 다른 비결을 생각해 보니 다음과 같은 몇 가지가 떠오릅니다.

먼저, 중국에서 우리나라 사람들이 운영하고 있는 대부분의 사이트는 중국인이나 조선족의 손으로 이뤄지고 있는데 비해 우리 사이트는 한국인인 제가 직접 중국어로 운영하며 중국인들과 접하고 있습니다. 그 속에서 중국인 고객들은 한국적인 서비스 마인드와 매너 등에 호감을 느끼며 단골 고객이 되거나 또 다른 고객을 소개해 주고 있습니다. 사이트 운영과 같은 중요한 일 또한 역시 제가 직접 해야 한다는 것이지요.

다음으로, 제 단골 고객들에 의하면 중국인들에 의한 일반적인 사이트와는 다른 우리 사이트만의 '한국적 개성'이 넘치는 이미지도 적지 않은 역할을 하고 있는 것 같습니다. 이는 현재 중국에서 가장 잘 나가는 우리나라에 대한 호감의 덕을 보고 있는 것이라 생각됩니다. 이런 측면에서 본다면, 우리나라 사람들의 중국 진출은 지금이 가장 좋은 시기가 아닐까 생각됩니다.

세 번째로 가장 중요한 것이라고 생각됩니다만, 제품의 원활한 공급이 뒷받침되어야 한다는 점입니다. 지금은 제품 공급에 큰 문제가 없어 다행입니다만, 사실 과거에는 저도 판매량이 갑자기 급증했는데 원활하지 못한 제품 공급으로 결국 7,000개의 제품을 환불 처리해 준 적도 있었습니다. 그때는 정말 아찔했지만 돌이켜 보니, 그때의 그 고객 위주의 과감한 결정 덕에 단골 고객도 급증했고 오히려 전화위복이 되었던 것 같습니다.

네 번째로 거의 대부분의 전자 상거래 사이트가 다 그렇겠지만, 중국의 타오바오 거래에서도 가장 중요한 것은 역시 마케팅 방법입니다. 이와 관련하여 저는 여러 가지 SNS를 통해 일단 한국 및 한국 제품 등에 관심 있어 하는 중국인들에게 우리 제품에 대해서는 홍보하지 않고 그들이 원하는 정보를 전달하며 다가갔습니다. 예를 들어 처음에는 그들이 필요로 하는 한국어 교육 자료나 한국잡지, 한국 연예인들의 스케줄이나 한국 관광지 등에 대해 알려주며 다가갔는데요, 그러면서 자연스럽게 우리 제품에 대해 알릴 기회를 만들며 홍보하기 시작하였습니다. 그런데 그 방법이 적절했는지, 중국인들은 좋은 정보 고맙다며 우리 제품을 구매하기 시작하였습니다. 이 방법 또한 참조하시기 바랍니다.

마지막으로 타오바오 규정과 규칙 등을 항상 숙지하고 업데이트된 정보들도 꼼꼼히 잘 확인해야 합니다. 대부분의 우리나라 사람들은 중국어를 못한다는 이유를 내세우거나 혹은 그냥 귀찮아하며 타오바오에서 제공하는 판매자 전용 잡지, 규정 변경, 성공 사례 등을 그냥 휴지통에 버리곤 합니다. 하지만 그러한 정보

안에 판매자가 알아야 할 가장 중요한 정보가 모두 들어 있습니다. 이를 간과하고서 제대로 된 비즈니스나 비즈니스의 성장 등을 기대한다는 것은 너무나 순진한 발상입니다.

저는 바로 이와 같은 몇 가지 원칙을 토대로 한국의 아름다움을 중국 대륙에 전달하는 첨병 역할에 자긍심을 느끼며 새로운 날들을 맞이하고 있습니다.

▌진출 초기 리스크와 무관한 진출 사례

중국 진출 시에는 사무실도 내야 하고 최소한의 인력도 고용해야 하는 등 다양한 비용이 발생한다. 물론 이는 비즈니스를 위해서라면 당연한 일이다. 하지만 문제는, 중국이나 중국 비즈니스 환경 등에 대해 아직 잘 모르는 상태에서 발생하는 이들 비용이 나중에는 본격적인 기업 활동에 적지 않은 부담으로 작용하는 경우가 빈번하다는 점이다. 중국 진출 컨설팅 등을 하는 가운데 내가 개념 정리한 '중국 진출 초기 리스크' 문제가 도사리고 있는 것이다.

중국에서 비즈니스 활동을 영위함에 있어 소요되는 비용은, 특히 베이징이나 상하이와 같은 대도시에 본거지를 두고 활동하려 한다면 임대료와 인건비 등을 포함한 제반 고정비용에 대한 부담이 실로 적지 않다. 그럼에도 불구하고 우리 기업들은 적극적이고도 진취적이다. "기왕 중국 시장으로 진출하기로 했다면 처음부터 확실하게 하자!"는 자세로 사무실을 임대하고 사무집기 등을 구입하며 인력도 채용하는 것이다. 물론 구멍가게가 아닌 제대로 된 비즈니스를 위해서는 이러한 자세가 필요하다. 그러나 문제는, 자사 제품의 성공적인 중국 진출 가능성 등에 대해 아직 잘 모르는 상태에서 적지 않은 비용이 발생하기 시작한다는 점이다. 앞서 언급한 고정비용 외에 한국에서 건너간 인력이 거주하며 생활하는 데 필요한 비용 등도 포함하면 그야말로 설상가상이 아닐 수 없다.

그러다 보니 시간이 지날수록 마음만 초조해진다. 중국 진출 초기 활동은 한국에서 생각하지 못했던 다양한 암초들에 부딪히며 더디기만 한데 당초 준비한 '탄환'은 급격하게 줄어들고 있으니 이해가 전혀 안 되는 것은 아니다. 하지만 그보다 더 큰 문제는 그 속에서 차분히 진행되던 일도 서두르게 되고 이는 곧 여러 가지 졸속이나 복잡한 문제를 초래하게 된다는 점이다. 중국 진출 초기의 적지 않은 실패 사례는 바로 이런 식으로, 정작 제품은 출시조차 제대로 해보지 못한 채 심신의 건강마저 상하게 되는 진출 초기의 전형적인 리스크의 덫으로부터 비롯된다.

하지만 친환경 분야에 종사하는 신생 S사는 이와 같은 중국 진출 초기 리스크를 잘 비껴간 사례라 할 만하다. S사는 자사가 역점을 들이고 있는 제품에 대해 상세히 들려준 뒤 중국 현지에서 자사의 '현지 연락 사무소'를 대행할 만한 곳을 물색해 달라고 의뢰하였다. 매월 일정액을 현지 연락 사무소에 지불하고 그곳을 통해 자사 제품의 경쟁력 및 유통 경로 조사 등을 비롯한 중국 진출을 위한 현지에서의 체계적인 준비를 의뢰하고자 한다는 것이었다. 이에 상하이에서 오랫동안 기반을 다져 온 G사를 추천하였고, S사는 곧 G사와 중국 진출 관련 자문 계약을 체결한 뒤 초기 활동을 위임하였다.

S사의 이와 같은 방식은 주효하였다. 이렇게 함으로써 최소한 다음과 같은 몇 가지 결실을 취할 수 있었기 때문이다. 첫째, 사무실 임대료나 인건비 등을 비롯한 초기의 고정비용 등을 획기적으로 줄일 수 있었다. 둘째, 비용의 최소화뿐만 아니라 현지에 익숙하고 현지에서 이미 장기간 다양한 네트워크를 토대로 활동

하고 있는 G사의 '기반'을 통해 S사 단독으로는 도저히 해낼 수 없었던 다양한 초기 조사 등도 가능하게 되었다. 셋째, S사가 중국으로 본격 진출하게 될 때까지 G사의 활동을 지켜봄으로써 S사가 중국 진출을 본격화하기로 결정할 때의 파트너사로서의 적격 여부 등도 파악할 수 있게 되었다. 이와 같이 "중국에 대해 아무것도 모를 뿐만 아니라 비용 또한 적지 않은 부담이다"라고 하던 S사는, 중국 현지 연락 사무소 대행 형태의 진출 방식을 활용하며 '리스크 최소화, 효율 극대화'라는 기대 이상의 효과를 올릴 수 있게 된 것이다.

실내 골프장 솔루션 판매법인 A사의 사례 또한 진출 초기 리스크와 무관하게 잘 진출한 사례다. A사의 진출 방법과 관련, 우리는 중국 진출 초기부터 현지에 법인을 설립하는 것이 과연 반드시 필요한지에 대해 재고할 필요가 있다. 그보다는 이미 중국에서 법인을 설립하고 비즈니스를 영위하고 있는 좋은 파트너를 찾는 것이 더 나을 수도 있기 때문이다.

중국에는 이미 오래 전에 진출하여 열심히 비즈니스 활동을 하고 있는 한국 기업들도 적지 않다. 또한 이미 과거에 설립해 놓았던 법인들 가운데 사용하지 않고 있는 것들도 꽤 많다. 이를 고려할 때, 중국 진출 초기에는 바로 그러한 법인들을 잘 찾아 활용하는 가운데 영업활동에 주력하는 것이 리스크 최소화에 있어 훨씬 더 바람직할 수 있다. 자사 제품의 브랜드 등은 개인 명의로도 등록이 가능하므로 해당 본인의 명의로 등록하면 되기 때문에 법적 보호도 받을 수 있다.

이런 식으로, 현지에서 적절한 법인을 찾아 파트너로 삼는 것이다. 이후 자사에서는 중국 진출과 관련하여 충분한 권한을 지닌 사람을 파견하여 파트너사와 함께 본격적으로 중국 시장을 탐색하는 것이다. A사가 바로 이와 같은 방법으로 중국 진출을 시도하였다. 사실, A사는 중국 진출을 고려할 때만 해도 중국에서의 성공 가능성에 대해 반신반의하였다. 그리하여 적지 않은 초기비용을 투자하며 진출하는 것보다는 중국 현지에서 믿고 함께할 만한 파트너사 물색에 적극 나섰다. 그러다가 현지 법인 B사를 소개 받았고 이후 영업담당 상무를 파견하여 비즈니스의 실질적인 가능성 및 방법 등에 대해 꼼꼼하게 조사하도록 하였다. 그 결과, 파트너사와의 협력을 통해 당초 기대한 것보다 더 큰 수확을 올리게 되었다. 생각지도 못한 대형 발주들이 속속 터져 나온 것이다. 그 덕에 현재 A사는 자체의 중국법인을 설립하고 본격적으로 중국 비즈니스에 나설지 혹은 계속해서 현지 파트너인 B사와 더불어 아웃소싱 형태로 진출할 것인지 즐거운 고민을 하고 있다. A사의 이러한 진출 방법 또한 중국 진출 초기 리스크로부터 비교적 자유로울 수 있다는 측면에서 적극 권장할 만한 방식이다.

인생이 끝날까 두려워하지 마라.
당신의 인생이 시작조차 하지 않을 수
있음을 두려워하라.

그레이스 한센 Grace Hansen

칼럼

한국 기업, 먼저 중국 및 세계의 표준 시장을 공략하라

중국은 개혁개방 이후 경제 성장만을 위해 달려왔다. 그 결과 몸집은 거대하게 성장할 수 있었다. 하지만 얻는 것이 있으면 잃는 것도 있는 법. 초고속 성장 과정에서 쌓인 '후유증'은 어느덧 정치·경제·사회·문화 전 분야에서 더 이상 좌시할 수 없게 되었다. 중국 공산당 제18기 3중전회에서 나온 국가안전위원회와 전면개혁심화영도소조 등은 이러한 배경 속에서 대두된 것이며, 이는 곧 중국이 한동안 '개발독재'가 아닌 '개혁독재'를 지향할 것임을 전망케 한다.

그러면, 향후 중국의 이러한 향방이 우리 기업과 우리 제품 등에는 어떠한 영향을 미칠까? 이는, 다름 아닌 우리에게는 기회 중의 기회가 아닐 수 없다. 먼저, 향후의 중국은, 공산당의 지속적인 집권을 위해서도 그동안 소외되다시피 했던 내륙 및 농촌 지역의 발전에 더 신경 쓰게 될 것이다. 낙후 지역을 도시화함과 동시에 그곳에 일자리도 제공함으로써 낙후 지역 출신 노동자들이 낯선 도시 지역에서 더 이상 고단한 삶을 살지 않아도 되도록 하겠다는 '신형도시화전략'이나 '지역거점 대규모산업단지조성' 등은 바로 이를 뒷받침하는 것이다.

그런데, 우리 돈으로 무려 100경 원 이상의 자금이 투여될 이와 같은 야심찬 경제 정책을 실천해 나가기 위해서는 최첨단 기술과 최첨단 제품 등이 필요하다. 하지만 중국 기업들은 아직 그러한 기술 수준에 도달하지 못했고 중국인들 또한 아직은 국산품을 선호하지 않는다. 그렇기 때문에 첨단 기술을 지닌 외국 기업과 외국 제품 등이 필요하다. 그런데, 그동안 중국 시장에서 절대 강자와도 같은 지위를 누렸던 미일 양국의 제품은 중국과 미일 양국의 대립이 격화되면 될수록 중국 소비자들의 '애국소비' 경향에 부딪히며 그 위상이 축소되고 있다. 이에 비해 우리 제품은 기업들의 부단한 경쟁력 강화와 한류, 그리고 전례 없는 한중 양국의 밀월기라는 정치적 훈풍마저 더해지며 중국 소비자들에게 바짝 다가가고 있다.

바로 이처럼 오늘날의 중국 시장은 중국 현지에서 지내다 보면, 마치 한국 기업과 한국 제품을 위한 '특판장'처럼 되고 있다는 느낌이 들 정도로 우리에게는 남달리 유리하게 바뀌고 있다. 안타깝게도 우리 사회에는 이와 같은 전례 없는 호기가 제대로 전해지지 않고 있는 것 같지만, 우리가 이에 대해 잘 깨닫고 적극 활용해 나간다면 오늘날의 중국은 경제적으로도 우리의 '보물단지'와도 같은 것이다.

한편, 그러면 이와 같은 중국 시장에 어떻게 다가가면 좋을까? 이에 대해, 중국 상하이 시를 주목하고 적극 활용할 것을 제안하고자 한다. 상하이는 서울시 면적의 10배에 달하는 $6,341km^2$이며 유동인구 숫자는 약 2,700만 명이나 되는 세계 최대의 메트로폴리탄이다. 그뿐만 아니라, 1992년부터 덩샤오핑에 의해 개발이 본격화되면서 불과 20년도 채 되지 않아 중국뿐 아니라 국제 사회의 주목을 한 몸에 받게 되었는데, 이와 같은 상하이의 위용에 대해 조금 더 살펴보면 다음과 같다.

먼저, 중국 국내에서 상하이의 위상은 "중국의 과거를 보려면 시안으로 가고, 현재를 보려면 베이징으로, 중국의 미래를 알려면 상하이로 가라"는 말이나 "자식을 낳으면 상하이로 보내라"는 말을 통해서도 잘 알 수 있다. 한 가구 한 자녀 정책으로 하나밖에 없는 소중한 자식을 상하이로 보내라고 할 정도로 중국 내에서 상하이의 지위는 그만큼 독보적이다.

다음으로, 국제적으로도 상하이의 위상은 실로 대단하다. 오죽하면 일부 외국인들 사이에서는 "상하이에 가 본 적이 없으면 죽지도 말라"라는 우스갯소리가 나돌고 있겠는가. 수명이 다해 저승으로 가려 할 때 저승 문지기가 "상하이에 가 본 적이 있는가?"라고 묻는다고 한다. 이때 가 본 적이 없다고 하면 "아니 어떻게 21세기의 대표 도시인 상하이를 가 본 적이 없는가? 그러면서 21세기에서 살다 왔다고 할 수 있겠는가! 상하이에 다녀온 뒤 다시 오라!"며 죽을 자격조차 박탈한다는 것이다.

이와 같은 상하이의 위상은 비즈니스 측면에서도 하등 다를 바 없다. 비즈니스와 관련해서도 오죽했으면 "상하이를 모르면 21세기 비즈니스를 논하지 말라!"는 말이 있을 정도이니 말이다. 이와 관련, 중국 비즈니스계에는 다음과 같은 두 가지 표현이 회자되고 있기도 하다. 먼저 "상하이는 중국의 관문 시장이요, 표본 시장"이라는 것. 상하이는 중국의 경제 수도라 불릴 만큼 경제력이 풍부하고 시장 규모도 엄청나다. 그러다 보니, 중국 시장을 공략하려는 기업들의 신제품은 대부분 상하이로 먼저 출시하게 된다. 그리하여 상하이 소비자들로부터 호평을 받게 되면 '상하이의 소비 트렌드는 곧 중국 전체의 표본'과도 같이 되고 있는 중국 시장의 특징에 따라 곧 중국 전역으로 확산되곤 한다.

다음으로, "상하이는 세계의 표본 시장"이라는 표현이다. 어떤 제품 등이 세계 경제의 중핵인 상하이 시장에 성공적으로 데뷔하게 되면, 그곳에 몰려 살고 있는 글로벌 각지 사람들에 의해 곧 글로벌 세계 전역으로 퍼져 나가기 때문이다. 이처럼, 상하이 시장의 공략은 중국 시장과 세계 시장 공략을 위한 초석이 아닐 수 없다. 이를 고려하더라도, 우리 한국인 및 한국 기업들은 우리에게 남달리 유리하게 전개되고 있는 중국 시장에 대한 진출을 상하이로부터 시작하는 것을 적극 고려하자. 상하이 인근에는 아직도 좋은 조건의 산업단지도 꽤 있으므로 이러한 곳을 전진기지 삼아 전 세계로 도약해 가는 진출 전략을 진취적으로 검토해 볼 필요가 있을 것이다.

우리 사회의 중국 인식, 어디에서부터 문제인가?

1949년 중국 건국 이후, 한중 관계는 굴곡의 역사를 지나왔다. 좋았다가 나빠지고 개선되었다가 악화되는 등 거친 파도처럼 출렁이는 모습을 보여 온 것이다. 그런데, 불안정하게 요동치는 양국 관계는 양측 모두에게 이로울 것이 전혀 없다. 그렇다면 양국 관계의 경색을 완화하고 우호 기반을 더욱 굳건하게 할 방법은 없는 것일까? 이와 관련, 중국이 해야 할 중국 측의 노력은 일단 중국 측에 맡기고, 여기서는 우리가 해야 할 노력에 대해서 잠시 알아보도록 하자.

한중 양국이 거쳐 온 양국 관계의 경색 국면을 들여다보면, 양국이 상호간의 입장 차이를 잘 파악하지 못해 초래된 면이 적지 않았음을 알 수 있다. 양국은 상대의 입장 등에 대해 좀 더 깊이 있게 이해할 필요가 있는 것이다. 이와 관련, 우리는 무엇보다도 이웃 중국에 대한 오해와 편견 등에서 벗어나야 한다. 그러면 어떻게 하면 좋을까?

먼저, 우리는 '관성적'이며 또 '사대적'으로까지 비춰지기도 하는 현행 우리의 대중 접근 방법 등에 대해 깊이 성찰할 필요가 있다. 그동안 우리는 중국이라는 전체 숲뿐 아니라 각각의 나무 한 그루에 이르기까지 중국의 대부분을, 우리의 고유 방법이 아닌, 타국의 방법에 크게 의존해 왔다고 할 수 있기 때문이다.

사실, 냉전까지만 해도 우리에게는 선택의 여지가 없었다. 당시로서는 중·러 등과 같은 사회주의권에 대한 접근은 주로 미국을 위주로 한 서구적 방법을 토대로 할 수밖에 없었기 때문이다. 그런데, 이와 같은 상황이 너무 오랫동안 지속되다 보니 관성처럼 굳어지게 된 것 같다. 그 결과, 현행 우리의 대중 접근 방법까지도 '그들식 접근'을 토대로 한 채, '우리식 접근'이 제대로 보이질 않게 되었다. 이로 인해, 21세기 중국에 대해 다른 외국들의 국익 극대화를 위한 '그들식 관점'이, 마치 우리 국익의 극대화를 위해야 할 '우리식 관점'도 되는 것처럼 인식되고 말았다. 하지만, 냉철하게 생각해 보자. 예를 들면, 패권적 지위를 지키고자 중국에 대한 견제 등을 기본적 국익으로 하고 있는 미국 위주의 접근 방법 등이, 바로 옆에 위치한 이웃 중국과의 윈-윈을 기본적 국익으로 해야 할 21세기 대한민국에 과연 얼마나 적절하다고 할 수 있을까? 그럼에도 불구하고 우리 사회에 팽배되어 있는 기존 서구 프레임 위주의 대중 접근 및 이를 토대로 한 중국 인식은 견고하기만 하다. 그로 인해 발생하고 있는 문제들에 대한 문제의식조차 느끼지 못한 채, 우리는 아직도 오랫동안 해 왔던 것처럼 그저 그렇게 그들식 방법에 의존하고 있는 것이다.

그렇다면, 중국에 대한 우리식 접근 및 인식 등을 위해서는 어떻게 하면 좋을까? 이를 위해서는 우선, 우리 사회에 '중국을 전하는' 우리의 중국전문가들과 우리 언론매체, 그리고 정치권의 자성 등이 선행되어야 할 것이다.

먼저 우리 사회의 중국전문가들이다. 어떻게 보면, 중국에 대한 보다 더 효과적인 접근은, 동일한 유교의 전통과 문화, 관습 등을 지닌 우리가 서구인들보다 훨씬 더 나을 수도 있다. 충효忠孝와 같이 상하관계가 근간인 '수직문화'를 토대로 하고 있는 유교에 대해, 평등한 관계가 근간인 서구의 '수평문화'가 양립하기란 쉽지 않음을 고려할 때 더더욱 그렇다.

이와 관련하여 중국 현지에서 접한 바 있는 미국인 학자의 한마디는 우리에게 시사하는 바가 적지 않을 것 같다. 그는 중국에 대한 미국 사회의 접근 방법, 즉 '미국식 접근'과 그 한계 등에 대해 다음과 같이 들려주었다.

"그동안 중국을 바라보던 우리의 접근 방법과 관점에는 문제가 있었던 것 같다. 중국을 제대로 읽거나 분석하는 데에 번번이 실패하고, 그 결과 중국과의 갈등과 대립만 더 초래하였던 것이다. 그리하여 그 원인 등에 대해 생각해 보니, 중국에 대한 접근 방법 자체에서부터 문제가 있었음을 느끼게 되었다. 다시 말해, 서양의 정신체계를 토대로 하는 서구적 잣대로 우리와는 판이하게 다른 중국의 동양적 정신체계에 다가가려다 보니, 쉽지 않았던 것이다. 그리하여, 미국 사회 일각에서는, 중국에 대한 접근 방법을 새롭게 시도하게 되었다. 다름 아닌, 지리적으로도 중국과 근접할 뿐 아니라 정신적으로도 동일한 유교문화를 지니고 있는 한국인 중국전문가 등의 접근 방법 등에 더 주목해 보자는 것이다. 그런데, 이런 생각으로 만난 한국인 전문가들은 어떻게 된 것인지, 아직도 우리 미국이나 서구적 접근 방법이나 그 연구 성과물 등에 크게 의존하고 있는 것 같다."

그의 지적을 고려하더라도, 중국에 대한 접근에 있어 우리가 부지불식간에 근간으로 해 왔던 서구적 프레임 등은 진지하게 재고될 필요가 있다. 지리적으로도 훨씬 더 쉽게, 그리고 정서적으로도 훨씬 더 깊이 있게 접근할 수 있음에도 불구하고 오랜 관성과도 같이 우회하며 간접적으로 접근해 왔던 그 방식을 고집할 필요는 없을 것이다. 따라서 이제는 지리적으로도 정서적으로도 가장 가까운 중국이니만큼 보다 더 '직접적'으로 접근하도록 해야 한다. 이를 위해서는 우리 사회의 중국전문가들이 보다 더 자신감 있게 달라질 필요가 있다. 우리 사회에 중국 관련 1차적 정보 등을 전하는 그들이 먼저 우리 국익 최적화를 위한 서구식 접근 방법 등의 한계를 깨닫고, 우리식 접근에 보다더 당당하게 임해야 한다. 그럴 때 비로소 '21세기 중국'에 대한 '21세기 한국'적 인식의 토대가 바로 자리 잡혀 나갈 수 있기 때문이다.

다음으로, 우리 사회에 중국을 전하는 우리 언론매체들 또한 한 번쯤 성찰할 필요가 있다. 사실, 한중 관계의 불안정한 모습은, 우리 사회에 팽배되어 있는 중국에 대한 부정적 이미지가 적지 않은 원인이되고 있다. 그렇다면 우리 사회는 긍정적 모습과 부정적 모습이 병존하는 중국에 대해 왜 주로 부정적 모습을 위주로 인식하고 있는 것일까? 이에 대해서는, 아무래도 중국을 전하는 언론매체의 영향도 크다. 이와 관련, 앞서 언급한 우리 사회의 '차이나 현상'도 사실은 언론매체의 영향이 적지 않다. 한국에서 우리의 언론매체 등을 통해 간접적으로 접하며 느끼는 중국에 대한 인식과, 중국에서 직접적으로 접하며 느끼는 인식 사이에 커다란 '차이가 나는' 차이나 현상 또한 인정하건 인정하고 싶지 않건 우리 언론매체가 빚어낸 결과이기때문이다.

아울러, 중국과 관련하여 서구발 정보 등을 가장 '권위' 있는 것처럼 받아서 우리 사회에 번역만 하여 전달하다시피 하고 있는 보도자세 또한 되돌아볼 필요가 있다. 실제로, 우리의 언론매체는, 예를 들면, "미국의 뉴욕타임스에 의하면 중국은…", 혹은 "미국의 워싱턴 포스트에 따르면 중국이…", "미국의 OX라는 싱크탱크에 의하면 중국은…"이라는 보도가 나오면, 그것이 마치 의심할 바 없는 '바이블'이라도 되는 것처럼 그대로 번역하여 보도하고 있다. 그 정보라는 것이 '중국경계론'이나 '중국위협론'을 토대로 하고 있는 중국에 대한 다른 나라들의 관점을 위주로 하고 있어 '중국 활용론'과 '한중 윈-윈론'을 토대로 해야 할 우리의 중국 인식 등에는 도움은커녕 오히려 부작용이 되는 경우가 적지 않음에도 말이다.

이를 고려하더라도, 우리의 언론매체는 중국에 대해 보다 더 균형감 있고 깊이 있게 전하도록 더욱 힘써야 한다. 이를 통해 우리가, 특히 우리의 미래 세대들이, 중국에 대한 우리의 관점 등을 더 적확하게 정립하는 가운데 중국을 더 잘 활용할 뿐 아니라 한중 관계의 윈-윈도 주도해 갈 수 있도록 해주었으면 좋겠다.

다음으로 우리의 정치권이다. 한중 수교 이후, 한국에는 그야말로 중국 열풍이 불어닥쳤다. 그러다 보니 수교 후 불과 15년 만에 100만 명의 한국인이 중국에 거주하게 되었다. 그리고 그 15년간의 '열풍'은 어느덧, 5년 만의 200만 명이라는 '광풍'과도 같이 변모하게 되었다. 그런데 중국을 향한 이와 같은 전 사회적 러시에서 저 멀리 뒤쳐진 존재가 눈에 띤다. G2로 부상한 중국에 대해 각계각층에서는 '노마드' 정신으로 달려들어 파헤치고 있는데 우리의 정치권은 아직도 저 멀리 떨어져 있는 것이다.

물론 정치인들도 저마다 이구동성으로 "중국의 중요성은 잘 알고 있다", "오늘날의 우리의 생존과 번영에 있어 중국은 가장 중요하다!"고 말하고 있다. 하지만 문제는 그게 끝! 말로만 끝!이라는 것이다. 그들은 행동보다는, 중국과의 교류가 실질적으로 이뤄지건 말건 그들에게는 직접적인 아쉬운 점이 없어서 그런지, 온통 국내 정치나 계파의 이익 등에 파묻혀 지낸다. 중국에 대해 보다 더 적확하게 이해하고 다가서는 가운데 '21세기 중국을 활용한 21세기 대한민국의 생존과 번영'이라는 국익을 위해 노력하고 실천하고자 하는 '중국통 정치인'은 찾아보기 쉽지 않은 것이다. 실제로 우리 정치인들 가운데 중국에서 단 며칠만이라도 서민들의 마을이나 부유층의 대저택단지까지 여기저기를 직접 땀 흘리며 다니는 가운데 곰곰이 살펴보고 고민한 사람들이 과연 몇 명이나 될까? 화려한 관광지나 이름난 곳을 위주로 잠시 잠깐 거쳐 간 이들이, 이미 한미 및 한일 교역량을 합친 것보다 더 많은 교역량을 기록할 만큼 중요하게 된 이 나라에 대해 과연 얼마나 제대로 정책 수립과 전개 등이 가능할까?

케네디 전 미국 대통령은 "내치의 실패는 다음 번 선거의 패배로 귀결되겠지만 외교의 실패는 국가의 흥망성쇠와 직결된다"고 했다. 국제관계나 외교의 역할은 그만큼 중요하다. 이와 관련하여 그렇다면 외교의 기본은 무엇인가? 무엇보다도 먼저 상대방을 제대로 읽어 낼 수 있어야 제대로 된 대응방안도 수립될 수 있는 것이 아닌가? 그러면 상대방을 제대로 읽기 위해서는 과연 어떠한 자세가 필요한가? 이를 고려하더라도 중국을 제대로 읽지 못하는 정치권은 심히 우려되지 않을 수 없다. 중국을 몰라도 너무 모르기 때문이다. 이와 같은 상태에서 우리 한국인, 한국 기업들이 중국을 제대로 잘 활용하도록 이끌 수 있겠는가? 그런데도 아직까지 중국을 읽어 내기 위한 기본자세조차 제대로 갖추려 하질 않고 한결 같이 국내 문제에만 함몰되어 있다시피 하고 있으니 걱정이 이만저만이 아니다.

마지막으로, 우리 사회의 일반인들 역시 적확한 중국 인식 등을 위해 스스로 더 노력할 필요가 있을 것이다. 중국과 저 멀리 떨어진 세계 각지 출신의 재중 외국인들이 왜 우리를 부러워하고 있는지 한 번 더 떠올려 보자. 중국에서 거주하고 있는 한국인들은 왜 차이나 현상을 언급하며 우리 사회에 만연된 중국에 대한 부정적 인식 등에 대해 안타까워하고 있는지도 다시 한 번 생각해 보자. 그리고 그 중국에 대해 나는 지금 어떻게 인식하고 있으며, 그럼에도 불구하고 전 세계 각국의 수많은 사람들은 왜 중국으로 몰려들고 있는지 등등에 대해서도 냉철하게 생각해 보도록 하자. 참고로, 오늘날 우리는, 스펙이라는 용어가 이렇게 사용되는 그 자체부터 내키지는 않지만, 어찌되었건 '스펙 사회'에 살고 있다. 이와 같은 상황에서 오늘날의 중국에 대한 적확한 인식 또한 나의 미래를 획기적으로 바꿀 만큼 매우 소중한 스펙의 하나라는 점도 결코 잊어서는 안 될 것이다.

중국에 대한 '겉핥기식 외교'를 근절하려면?

한편, 우리가 현재의 중국을 더 잘 활용하기 위해서는 사실은 대통령의 역할이 정치권이나 매스컴의 역할보다 더 중요하다. 여기서는 이에 대해 이야기해 보자.

박근혜 대통령은 우리 사회 전반에 팽배되어 있는 다양한 '비정상'을 '정상'으로 바로잡으려 하고 있다. 이에 착안하여 '정상화'의 프로세스 속에 외교안보라인의 '정상화'도 포함해 줄 것을 건의하고자 한다. 20세기의 국제 정세 하에서는 필요했고 따라서 정상적이었지만, 21세기 오늘날의 우리에게는 고루하고 비정상이 되고 만, 수십 년간 한결같이 유지되어 온 외교안보체제를 오늘날 우리의 국익 최적화에 맞도록 변화시키자는 것이다.

2013년 6월, 박 대통령의 방중은 보다 더 긴밀한 새로운 한중 관계의 서곡이라는 측면에서 성공적이었다. 그 덕에 한중 관계의 첫 단추는 잘 끼워졌다고 평가할 수 있다. 실제로 지금의 중국은 과거와는 달리 보다 더 적극적인 자세로 우리에게 다가서고자 다양한 형태로 러브콜을 올리고 있다. 하지만 중국의 이와 같은 구애를 우리는 아직도 제대로 간파하지 못하고 있는 것 같다. 혹은, 느끼고는 있지만 그 진의를 의심하거나 '다른 한 쪽'을 지나치게 의식하며 화답하는 데 주저하고 있는 것 같다. 이로 인해 첫 단추가 잘 끼워진 한중 관계는, 우리 측의 자세 등으로 인해 그 다음 단추들이 잘 끼워지지는 못하고 있는 것 같다.

그러다가 결국 안타까운 일이 벌어지고 말았다. 2014년 6월, 시진핑 국가주석의 방한을 무위無爲와도 가깝도록 아쉽게 끝내고 만 것이다. 당시 시 주석은 중국의 역대 주석들과는 달리 이례적으로 북한이나 일본을 먼저 방문하지 않고 우리를 먼저 찾았다. 양 손에는 다양한 선물을 가득 지닌 채 말이다. 그 정도로 중국은 우리에게 우리에 대한 그들의 '구애'를 어필하고자 했던 것이다. 하지만 우리는 여러 요인 등으로 인해 여기저기 눈치만 보며 전전긍긍하였다. 게다가 중국의 입장이 되어 보면 그 실현 가능성이 제로에 가깝다는 것을 쉽사리 알 수 있는 정상회담 공동성명서 상의 '북한 핵 명기'에만 매달리다가 그마저도 이뤄내지 못하고 말았다. 상대에 대해 조금만 더 잘 파악했었더라면 상대를 궁지에 몰아넣기보다는 그 대신 다른 분야에서의 여러 가지를 취할 수도 있었을 텐데 이렇다 할 만한 것은 거의 아무것도 취하질 못했다. 이런 식으로 '가까운 친척 집 가듯' 환한 미소를 머금고 온 손님을 두고 서로 편치 않은 심정으로 헤어져야 하는 상황을 초래하였던 것이다.

그렇다면 이와 같이 안타까운 상황에서 어떻게 하면 한중 양국 사이의 다음 단추들을 차근차근 잘 끼워 나갈 수 있을까? 다시 말해, 어떻게 하면 양국이 지금보다는 훨씬 더 잘 통하는 관계로 발전되어 갈 수 있을까?

이를 위해서는 무엇보다도 우리의 외교안보라인을 21세기 오늘날의 대한민국에 적합하도록 재편해야 한다. 그렇다면, 현재 우리 외교안보라인의 무엇이 문제이며 또 어떻게 하면 21세기 현재의 우리에 적합하게 재편할 수 있을까?

이와 관련, 대한민국 건국 이래 현재까지 유지되고 있는 '특정국 출신'에 의한 외교안보라인의 편식과 독식 현상은 무엇보다도 먼저 지양되어야 한다. 그렇지 않는 한, 중국의 다양한 '시그널'을 제대로 읽지 못해 초래되는 중국과의 엇박자나 반목 등도 끊이지 않을 것이기 때문이다.

　사실, 특정국 출신에 의한 외교안보라인의 독식 현상은 이미 오래 전부터 지적되어 왔다. 그럼에도 불구하고 미중 양국 사이에서의 균형 잡힌 외교를 전개하고자 하는 박근혜 정부 들어서도 좀처럼 바뀌질 않는다. 이로 인해, 우리 정부의 외교안보정책을 총괄하는 청와대 국가안보실과 외교부 등에는 중국을 잘 알고 중국과의 관계 또한 두터운 이른바 '중국 출신'은 찾아보기 쉽지 않다. 실제로, 외교안보 컨트롤타워인 청와대 및 외교부 장관이나 차관, 그리고 주로 북한 문제를 다루는 한반도평화교섭본부장 등 또한 외교부의 북미국장이나 주미공사 등을 거쳐 온 대표적인 미국출신들로 채워져 있다. 이와 같은 상황에서 '중국 출신'을 굳이 거론한다면 중국 주재 한국 대사관에서 2년여 정도 동안의 근무 경험을 갖고 있는 청와대의 외교비서관 정도에 불과하다. 대한민국의 외교는 아직도 냉전 당시에 구축된 20세기 외교안보라인의 근간이 냉전이 끝난 지 이십여 년이 지난 오늘날에도 굳건히 유지되고 있다.

　그러다 보니, 우리의 대중 외교는 기능부전 현상을 일으키곤 한다. 미국을 대하는 외교 방식에 너무나도 익숙한 나머지 모든 것이 크게 다른 중국에 대해서도 '국제 관례'요 '외교 상식'이라는 식으로 거의 그대로 대하다가 상대의 자존심만 자극하게 된다. 그러면서 이에 대해 반응하는 것을 보며 "중국은 정말이지…." 하며 고개를 좌우로 가로젓는 등, 한중 양국 사이에서는 초래되지 않아도 될 불협화음과 반목 등이 계속 발생하고 있는 것이다.

그러면, 우리의 외교안보라인은 어떻게 재편되어야 하는가? 사실, 이는 그렇게 어렵지 않다. 지금까지 이어지고 있는 외교안보라인이 20세기의 냉전기와 이후의 미국 위주의 국제정세에 최적의 형태로 구축되었던 것처럼, 오늘날 우리가 당면한 21세기 국제정세에 최적인 형태로 조정하면 되기 때문이다. 다시 말해, 현재 우리를 둘러싼 국제정세에서 최대 변화의 하나인 중국의 급부상에 대해 최적으로 대비할 수 있도록 조정하면 되는 것이다. 그러면 어떻게 하는 것이 중국에 대해 보다 더 제대로 대비하는 것인가? 이를 위해서는, 우리의 외교안보라인에는 무엇보다도 먼저 진정한 중국 출신의 중국전문가들이 더 많이 포진될 필요가 있다. 그 이유에 대해 더 말할 필요가 있겠는가. 중국인, 중국 사회에 대해 보다 더 적확하게 알고 이를 토대로 그들에게 '그들 식'으로 다가감으로써 그들과의 보다 더 원만한 '주고받기'가 가능하도록 하는 것은 지극히 당연한 일이 아니겠는가.

사실, 그 거대한 규모 등으로 인해 두려워하고 경계하는 중국이지만, 중국도 아픈 곳이 있고 남들에게 드러내 보이고 싶지 않은 부분 또한 적지 않다. 바로 이러한 점들에 대해서도 속속들이 간파하고 있어서 그들이 아파하면 위로해 주고 가려워하면 긁어주기도 하며, 우리를 함부로 하려 할 때는 그들의 불리한 부분을 잘 '활용'하여 그렇게 하지 못하도록 하기도 한다. 이런 식으로, 대중 외교만큼은 중국을 보다 더 잘 다룰 수 있고, 중국 또한 안심하며 마음속 깊은 이야기도 털어놓을 수 있는 이른바 '지중'과 '친중' 인사들이 전면에 나서도록 해야 한다. 대미 외교를 미국출신의 미국을 잘 아는 '지미'와 '친미' 인사들이 담당하듯이, 이제 우리의 대중 외교도 대미 외교 위주의 연장선상 정도에서 전개하는 비정상에서 벗어나, 제대로 된 중국 출신의 제대로 된 중국통에 의해 전개되도록 정상화시켜 나가는 것이다.

그렇게 되면, "한국에는 진정한 중국통이 없지 않은가. 미국 출신의 사실상 '미국을 토대로 한 중국전문가'만 있으니 도무지 손바닥이 마주쳐지질 않는다" 는 중국 당국자들의 볼멘소리도 잦아들 것이다. 또한, 중국에 대한 겉핥기식 외교와 정곡은 찌르지 못하고 주변만 맴도는 '언저리 외교' 등으로 인한 한중 관계의 엇박자와 반목 등도 현저히 줄어들게 될 것이다. 그러므로 우리 대통령은, 이 또한 참고하여 외교안보라인의 편제를 오늘날 우리 국익의 최적화가 가능한 최적의 형태로 재편하는 것도 적극 검토할 필요가 있을 것이다.

중국이 한국에게 간절히 하고 싶은 말은?

앞서 밝힌 바처럼, 현재 중국은 우리를 향해 적극적으로 러브콜을 울리고 있다. 그렇다면, 중국은 왜 우리에게 구애를 하고 있는 것일까? 그 이유는 현재 중국이 직면한 동북아의 국제정세는 미국·일본·북한 등과 대립하고 있는 등 자신들에게 녹록하지만은 않기 때문이다. 이러한 중국에 있어 우리는 동북아에서 좋은 관계를 지닐 수 있는 '동북아 최후의 보루'와도 같다. 그렇기 때문에 중국은 우리에 대해 그 어느 때보다 더 적극적으로 다가서고 있는 것이다.

한편, 중국은 북한발 제반 위기에 대해서도 '강 건너 불'과 '발등의 불'이라는 논리를 전개하며 우리와의 보다 더 긴밀한 관계를 바라고 있다. 앞서 밝힌 바처럼, 중국은 국경을 맞대고 있다는 이유만으로도 북한에 대해 표리부동한 자세를 취할 수밖에 없다. 중국은 바로 이러한 '국경을 맞댄' 처지를 한국에게도 제시하며 한중 양국의 '공동운명체'적 동질성을 말하고 있다. 이때 등장하는 것이 바로 '발등의 불'과 '강 건너 불'이다. 중국 당국자들은, 이를 토대로 북한발 위기 등에 대처할 한중 양국만의 '북한발 위기 공동대응체제' 등의 구축도 조심스럽게 언급한다. "만약, 미국과 근접한 곳에 미국의 국가안보 등에 직접적인 영향을 미칠 위해 요소가 있다면, 그로 인한 직접적인 피해가 우려되는 당사국들이 특별히 긴밀하게 대처하려 할 것이다. 마찬가지로 북한으로부터의 직접적인 피해가 우려되는 당사국들 간에 그러한 대응체제를 구축하는 것에 대해 어느 누구도 딴지 걸 수는 없을 것"이라는 것이다.

그런데 중국의 이와 같은 모습은, '실사구시 외교'라는 측면에서 현재 우리의 외교 양태에 대해 한 번 더 성찰하게 한다. 우리가 중국의 이러한 '속내'에 대해 더 잘 알고 활용한다면, 우리는 그러한 중국으로부터 훨씬 더 많은 것들을 취할 수 있기 때문이다. 이와 관련된 한 예를 보자.

앞에서도 잠시 언급했지만, 나는 그동안 몇 년간에 걸쳐 중국정부에 대해 "한국 동해의 병기 혹은 최소한 일본해의 단독표기 저지"를 요청해 왔다. 이에 대해 2014년 3월 중국 당국자들의 반응을 보면, 가능한 한 우리가 원하는 방식으로 해 줄 태세인 것 같다. 그러면서, 그들은 한 가지 단서를 달았다. "한국인 학자 한 개인의 요청보다는 한국 사회에서 국민적 관심사가 되고 이를 토대로 한국정부가 중국정부에 공식 요청하는 형식이라면 더 좋을 것."이라는 것이다. 이에, 이러한 소식을 다양한 언론매체를 통해 우리 사회에 전달했다. 그리하여 국회에서는 드디어 UN 및 그 회원국 등을 대상으로 한 동해병기

촉구 결의안을 채택하기도 했다. 이에 더해 2014년 8월 현재는 국회 외교통상위원회의 김성곤 의원실과의 협력으로 중국정부에 대해 동해 병기를 촉구하는 제안서를 보내기 위한 주문主文을 작성하고 있는 중이기도 하다. 이 제안서도 완료되면 3월에 채택된 결의안과 더불어 중국 당국에 보내 일제에 의해 강탈당한 우리 동해의 명칭을 더 늦기 전에 반드시 바로잡고자 하는 것이다.

하지만 이와 관련한 우리 외교부의 적극적인 노력 등은 아직도 찾아보기 쉽지 않다. 우리에 대한 구애에 여념이 없는 중국임을 고려할 때, 지금이야말로 동해 병기를 실현할 최적의 시기가 아닐 수 없다. 그럼에도 불구하고 외교부는 과거에 몇 번 정도 요청했던 바를 토대로 "우리도 이 문제에 대해 중국 정부에게 줄곧 요청해 왔다. 하지만 중국에도 '동해'라는 명칭이 있고, 또 중국 정부도 '한·일 양국 간에 해결할 문제'라고 하고 있어서 쉽지 않다"는 입장만 되풀이하다시피 하고 있는 것이다.

"갓난아이도 울어야지 젖이라도 얻어먹을 수 있다"고 했다. 동해 병기 건과 관련하여 필요한 것은 중국이 아닌 우리다. 그렇기 때문에 우리가 보다 더 적극 나서서 요청하고 또 요청해야 한다. 예를 들면, "중국에도 동해 명칭이 있기 때문에…"라는 중국이 내세운 이유만 반복할 것이 아니라, 그렇다면 그를 고려한 대안의 명칭을 제시할 수 있도록 더욱 더 궁리하고 고민해야 하지 않을까? 중국 정부가 내세웠다는 '한·일 양국 간에 해결할 문제'라는 이유만으로 그냥 대강 지나가려 하기보다는, 그런 이유를 제시했던 과거와는 엄청나게 달라진 현재와 같은 한·중·일 관계 등을 스마트하게 잘 활용한 협상에 적극 나서야 하지 않을까?

박근혜 정부 들어 우리 외교 당국은 전반적으로 잘해 왔다. 돌발적인 현안이 불거져 나올 때도 잘 대처해 왔다. 하지만, 좀 더 당당해졌으면 하는 아쉬움이 없지 않다. 그렇다고 우리의 위상을 과대평가하라는 것이 아니다. 내가 간절히 바라는 것은, 다름 아닌 이제는 약소국 외교가 아닌, 중견강국으로서의 우리 국력에 걸맞는 보다 더 '당당한 외교'도 전개해 나갔으면 한다는 것이다.

거대 중국을 토대로
글로벌 명품 한국으로 도약하자!

현재 중국은 무서운 속도로 저 멀리 앞서가고 있다. 그 과정에서 국제질서를 재편하는 가운데 '지구 속의 또 다른 지구'로 발돋움하고 있다. 14억이라는 전례 없는 시장을 내세우며 자신들이 그려 가는 '단일 지구'로 손짓하고 있기도 하다. 이러한 중국은 우리에게 있어 기회인가, 위협인가? 아니, 그보다도 세계 GDP 총량의 35% 정도를 차지했던 청나라를 떠올리며 그려가고 있는 또 다른 '중국의 시대'에 대해 우리는 과연 얼마나 제대로 준비하고 있는가? 중국은 결코 은하계 너머 우주 저멀리에 위치한 나라가 아니다. 또한 지구촌 저 멀리에 있는, 잘 알려지지 않은 작은 섬나라도 아니다.

시진핑 주석의 중국호는 높은 성장세를 둔화시키고 분배에 역점을 두는 등 경제구조를 재조정하고 있다. 이로 인해 그동안 중국의 고성장의 혜택을 누려온 우리나라에서는 우려의 시각이 적지 않은 것 같다. 그러나 이러한 우려를 비웃기라도 하려는 듯, 중국 해관총서에 따르면 시 주석이 집권한 해인 2013년 11월의 수출액이 드디어 2,000억 달러를 돌파하였다. 중국의 월별 수출액이 2,000억 달러를 돌파한 것은 사상 최초로 중국 무역사에 또 하나의 이정표를 남기게 된 것이다. 이에 더해 무역흑자 규모 또한 4년 10개월 만에 사상 최대치를 기록했다. 이처럼 중국경제는 구조조정 과정에서도 순항하고 있다.

이런 가운데 중국의 저명한 경제학자인 칭화대의 한 교수는 "중국의 국내총생산 총량이 2020년 전에는 미국의 1~1.7배에 달할 것"이라는 전망을 내놓았다. 이는 미국 브루킹스연구소의 "중국의 국내총생산 총량이 2017년경이면 세계 1위를 차지할 것"이라는 예측을 비롯하여 세계적 연구기관들의 전망과 크게 다를 바 없다. 그런데, 향후 중국 경제에 대한 중국 안팎에서의 이런 전망은, 중국 경제는 앞으로도 지속적으로 성장해 나갈 것임을 시사하는 것이 아닐 수 없다.

이와 같은 상황 속에서 중국이 거듭나고 있다. 세계 최대의 제
조업 공장이 아닌 세계 최대의 소비시장으로 빠르게 재편되고
있는 것이다. 이를 입증하려는 듯, 중국의 소비시장은 실로 괄
목할 만한 성장세를 보이고 있다. 실제로 미국의 대형 컨설팅
업체인 맥킨지의 〈2020년 중국 소비자를 만나다〉라는 보고서
는, 2000년에는 1%에 불과했던 주된 소비계층인 중산층 비율이
2010년에는 6%로 증가했으며 2020년에는 51%로 급증할 것이
라고 전망했다. 중산층 가구 수만 하더라도, 2010년의 1,400만
가구가 2020년에는 1억 6,700만 가구로 약 12배 정도 급증할 것
이라고 한다. 미국의 또 다른 유명한 컨설팅 업체인 보스턴 컨설
팅 그룹 또한 〈부유층 시대: 중국의 차세대 소비 동력〉이라는 보
고서를 통해 "2012년에는 1억 2,000만 명이던 중국의 부유층 인
구가 2020년에는 2억 8,000만 명에 달할 것"이라고 전망했다. 이
처럼, "소비시장을 대대적으로 키워 나가겠다"는 중국 정부의 공
언은 의지만을 반영한 것이 아니라 실제로 이뤄지고 있는 현실
인 것이다.

이러한 중국에서는 현재 우리 기업과 우리 제품의 위상이 실

로 대단하다. 중국에 정착된 한류, 밀월기에 들어선 한중 관계 및 경쟁력 강화를 위한 우리 기업들의 끊임없는 노력 등 여러 가지 이유로 중국 시장은 우리 기업과 우리 제품에게 각별히 호의적이기 때문이다. 그 과정에서 2013년 7월에는 우리의 대중 수출액이 역대 처음으로 일본을 제치고 1위를 차지하기도 했다. 중국 내 우리의 이와 같은 상황을 고려할 때, 우리는 오늘날의 중국을 우리 기업과 우리 제품이 중국시장뿐 아니라 그를 토대로 한 글로벌 명품 기업과 글로벌 명품 브랜드로 발돋움할 기회로 삼아야 한다. 중국에서 펼쳐지고 있는 우리만의 '독보적인' 기회를 보다 더 적극 활용함으로써 우리 기업 및 우리 제품들이 중국시장뿐 아니라 중국 대륙을 기점으로 한 글로벌 기업, 글로벌 명품 브랜드로 더더욱 도약해 나가는 물실호기로 삼아야 하는 것이다.

이와 관련, 우리는 사고의 지평을 한층 더 넓힐 필요가 있다. 우리에게는 '한반도 터전'뿐만 아니라 '글로벌 터전'도 있다는 식으로 말이다. 이를 토대로 몰라보게 달라진 우리의 역량이 충분히 발휘될 수 있도록 글로벌 터전도 적극 일궈 나가도록 하자. 이러한 우리에게 있어 중국은 첫 번째 글로벌 터전이 될 수 있다. 그곳에는 우리의 미래 세대가 글로벌 경쟁력을 한껏 배가할 수 있는 '21세기 최고의 유학지'가 있다. 우리 기업을 비롯한 세계 각지의 기업들이 몰려들고 있어 '중국 취업'의 기회뿐만 아니라 우리들에게 각별히 유리한 '중국 창업'의 기회 및 우수한 우리 제품의 '중국 시장 진출'의 기회 또한 지속적으로 증가하고 있다.

이를 위해서도 우리는 오늘날의 중국에 대해 더 적확하게 알아야 한다. 우리가 언제까지나 21세기 '현재의 중국'에 대해 우리를 침략하고 괴롭혔던 '과거의 중국'으로부터 초래된 편견이나 선입견 등을 토대로 대할 수는 없기 때문이다. 사실 좋지 않게 여기는 그 상대와 과연 얼마나 제대로 된 교류가 가능할 것이며, 그와 같은 상황에서 우리에게 호의적인 오늘날의 중국 시장 역시 과연 얼마나 잘 활용할 수 있을까? 이를 고려하더라도 우리는 우리 사회에 뿌리 깊은 중국에 대한 잘못된 인식을 시급히 바로잡아야 한다. 지피지기면 백전백승이라 했다. 하지만 선무당이 사람 잡듯 하지 않기 위해서는 제대로 된 지피와 제대로 된 지기가 필요하다. 21세기 오늘날의 중국을 21세기 오늘날의 대한민국의 관점에서 제대로 알아야만 제대로 활용할 수 있는 것이다.

한편, 우리 정치권이나 정부의 관련 당국은 우리 한국인, 한국 기업들이 중국 대륙을 우리의 글로벌 터전으로 잘 일궈 나가도록 지금보다 훨씬 더 체계적이며 실질적인 지원 등도 전개해 나가야 한다. 이때, 그 지원에는 정작 더 필요하고 더 중요하며 더 효율적인 중국 현지에서의 지원 또한 대폭 포함시켜야 한다. 아울러 그 지원 방법 역시 기존과는 다른 형태로도 이뤄질 필요가 있다. 한 예를 들면, 중국에는 아직 우리에게 잘 알려지지 않은 훌륭한 요건을 지닌 산업단지 등이 적지 않다. 우리 정부는 이들과 협력하여 이제는 우리 한국인, 한국 기업에 대한 중국 현지에서의 보호막이요 방파제와 같은 역할도 해야 하는 것이다. 즉, 중국 경제의 핵심인 상하이 주변에 있는 경제개발단지 등을 잘 물색하여 우리 정부 차원의 '중국 ○○ 소재 한국기업 산업공단'이거나 혹은 지방자치단체 주도의 '중국 ○○소재 기업 산업단지' 등과 같은 기반을 제공해 주는 것이다. 이를 통해 그곳에 입주한 우리 한국인, 한국 기업들의 권익 증진이나 법적 보호를 한층 더 강화하는 가운데 우리 기업들은 오로지 경쟁력 강화와 시장 확대 등에만 주력하도록 하게 한다. 이런 식으로 정치권이나 정부 또한 자신들이 해야 할 몫을 적극 전개해 나감으로써, 우리 한국인, 한국 기업들이 중국 시장을 토대로 전 세계 시장으로 웅비해 나가는데 있어 든든한 존재로 자리매김해 나갈 필요가 있는 것이다.

우리는 할 수 있다. 전 세계에서 가장 강한 4대 강국을 상대로 온갖 고난도 꿋꿋이 헤쳐 온 당당하고 늠름한 우리들이기 때문이다. 크다고 할 수 없고 천연자원 또한 많다고 할 수 없는 한반도에서 세계적으로 추앙 받는 한류문화를 계승·발전시켜 온 역동적인 한민족의 후예들이기 때문이다. 따라서 이제는 한반도의 '21세기형 도약!!'을 위해 우리 특유의 뱃심과 저력으로 다시 한번 더 신발 끈을 질끈 동여매도록 하자. 그 과정에서 직면하게 될 고난 등은 우리를 더 단단하게 해주는 자양제가 될 것이다. 유구한 역사 속에서 배태된 한반도 DNA를 지닌 우리에게 있어 그러한 어려움은 '굴복'이 아닌 '극복'의 대상이요, '괴로움'이 아닌 '즐거움'을 선사하는 재료에 불과할 것이기 때문이다.

'심동불여행동心動不如行動' 아무리 많이 생각해도 직접 움직이는 것만 못하다. 그러므로 이제 더 이상 책상 곁에 머물러 생각만 거듭하지 말고 중국 대륙을 향해 적극 뛰어들자. 지구 속의 또 다른 지구를 우리의 글로벌 터전으로 삼기 위해 우리 민족 특유의 진취적 자세로 멋지게 달려들도록 하자. 우리는 할 수 있다! 비바 21세기 대한민국! 파이팅! 21세기 대한국인!

조국 대한민국을 열렬히 사모하는

참고문헌 -

본 서는, 다음과 같은 졸저와 논문 등을 포함하여 각종 언론매체에 기고한 졸고 및 학회 발표 문 등을 토대로 필요한 부분은 가감 수정하여 사용했으며 그 과정에서 다양한 언론매체의 기사 등도 참고 및 인용하였습니다.

• 저서

《탐나는 청춘》(2011, 소담출판사)

《한중일 외교 삼국지》(2008, 삼성경제연구소)

《중국을 이해하는 9가지 관점》(2008, 살림출판사)

《21세기 한중일 삼국지》(2006, 두리미디어)

《성공하는 중국진출 가이드북》(2006, 살림출판사)

《미중일 새로운 패권전략》(2004, 살림출판사)

《캄보디아에서 韓日을 보다》(2003, 말)

• 논문

"동북아 다자간 안보협력체제 고찰-한국적 관점을 중심으로", (2007, 화동사범대학교 박사학위)

"한미동맹의 변천과 미래전망", 〈미래와 발전〉, 중국미래연구회, (2007)

"6자회담에서 한국의 다중평형외교", 〈동북아논단 (CSSCI)〉, (2006)

중국 유학, 취업, 창업을 위한

우수근 교수의
실사구시 중국 진출 전략

초판 1쇄 2014년 10월 15일

지은이 우수근
펴낸이 성철환 **편집총괄** 고원상 **담당PD** 최진희 **펴낸곳** 매경출판㈜
등 록 2003년 4월 24일(No. 2 – 3759)
주 소 우)100 – 728 서울특별시 중구 퇴계로 190 (필동 1가) 매경미디어센터 9층
홈페이지 www.mkbook.co.kr
전 화 02)2000 – 2610(기획편집) 02)2000 – 2636(마케팅)
팩 스 02)2000 – 2609 **이메일** publish@mk.co.kr
인쇄 · 제본 ㈜M – print 031)8071 – 0961

ISBN 979 – 11 – 5542 – 170 – 3 (03320)
값 14,000원